Veronika Wiggert

DIE KLIMA-CHECKER:

Tiere in Not?

Mehr Bäume
Weniger CO₂
www.cpi-print.de/umwelt

© World for kids Verlag, Berlin
Alle Rechte vorbehalten

Die Klima-Checker: Tiere in Not!
1. Auflage, 2020
Text von Veronika Wiggert
Lektorat von Nina Basovic Brown
Korrektorat von Meiken Endruweit
Illustrationen, Umschlag, Satz von minkadu Kommunikationsdesign
Bindung und Druck von CPI
ISBN 978-3-946323-18-1

Für Vincent und Hanna

MANIFEST

Wer sagt, kommt endlich zur Vernunft,
der kennt uns ganz schön schlecht.
Wir sind die Generation der Zukunft,
und rufen – jetzt erst recht!

Wer denkt, das klingt nur nach Gemecker,
für den tut's uns wirklich leid.
Denn wir sind die Klima-Checker.
Und jetzt ist unsere Zeit!

WER SIND DIE KLIMA-CHECKER?

MALIN

Malin ist die Anführerin der Klima-Checker. Sie kann Ungerechtigkeiten nicht ausstehen und möchte später einmal als Journalistin ihren Mitmenschen die Welt erklären. Manchmal kann sie anderen mit ihrem Tatendrang ganz schön auf die Nerven gehen. Vor allem ihrer besten Freundin Trixie. Aber die kann Malin nie lange böse sein.

Am liebsten zieht sich Malin in den alten Schuppen im Garten ihrer Eltern zurück. Dieser dient auch als Hauptquartier der Klima-Checker. Absolutes Lieblingsessen der drei: Die Zimtschnecken von Malins schwedischer Mutter Pernilla.

TRIXIE

Trixie ist Malins beste Freundin. Die zwei teilen jedes Geheimnis miteinander, zum Beispiel, dass Trixie noch immer sehr unter der Trennung ihrer Eltern leidet.

Trixie ist das Sportass der Klima-Checker. Keiner kann schneller rennen als sie. Kein Wunder also, dass sie bei Außeneinsätzen die Schnüfflerin der Klima-Checker ist. Auch ist sie mit Abstand die Mutigste der drei. Ohne ihre rosa Bauchtasche verlässt sie nicht das Haus.

EINSTEIN

Albert ist der Kopf und Faktensammler der Klima-Checker. Weil er noch mehr von Mathe versteht als die Lehrer, wird er von seiner Klasse nur „Einstein" genannt. Einsteins Vater Attila kam als junger Mann aus Istanbul nach Deutschland und erzieht seinen Sohn nach alevitischem Glauben. Ständig predigt er ihm, wie wichtig ein friedliches Miteinander und eine gute Bildung sind. Somit vereinen sich in Einstein gleich zwei Seelen: logischer Denker und einfühlsamer Vermittler – vor allem wenn sich Malin und Trixie mal wieder gestritten haben.

INHALTSVERZEICHNIS

VERDREHTES KLIMA

Was für ein herrlicher Tag! Die Sonne schien vom fast wolken-
losen Himmel und warf lange Schatten in unseren Garten. Eine
sanfte Stille lag über uns. Paps und ich reparierten die klapprigen
Fensterläden an meinem Schuppen, der gleichzeitig als Hauptquartier der Klima-Checker diente. Keiner von uns sagte etwas.
Zu zweit still sein! Das geht nur mit Paps. Mama war in der Stadt
zum Einkaufen und Ida hatte sich mal wieder in ihr Zimmer ver-
krochen. Also keiner da, der uns stören konnte. Wunderbar!

„Puh, ganz schön warm heute", stöhnte ich und wischte mir
mit dem Handrücken ein paar Schweißtropfen von der Stirn.

„Ja, Malin", antwortete Paps und nagelte eine abgesprungene
Holzlamelle fest. „Man sollte nicht glauben, dass wir erst Ende
Januar haben."

Ich zog meinen Wollpullover aus und warf ihn ins Gras. „Also,
den brauche ich heute echt nicht."

Neben der knarzigen Holztür des Schuppens hing ein Wetter-
thermometer, das mir mein Opa zu Weihnachten geschenkt hatte.
„18 Grad!", las ich laut ab. „Das gibt's doch nicht."

Verdrehtes Klima. Schon wieder!

Als ich mit meinen Eltern und meiner Schwester Ida vor fünf
Jahren frisch aus Malmö nach Bayern gezogen war, hatten wir
bereits im Dezember perfektes Rodelwetter. Inzwischen fiel der
erste Schnee meistens erst im Februar. Wenn überhaupt. Und
selbst dann blieb er auch nicht besonders lange liegen.

„Malin", riss mich Paps plötzlich aus meinen Gedanken und deutete mit dem Kinn zu unserer Gartenhecke. „Träum' ich, oder

spaziert da gerade ein Igel an uns vorbei?"

Tatsächlich! Durch die grünen Blätter unseres Ligusters tapste ein Igel. Sein kleiner Körper wackelte sachte hin und her.

„Oh, wie süß!", sagte ich viel zu laut und hielt mir sofort den Mund zu. Ich wollte unseren tierischen Gast auf keinen Fall erschrecken. Paps schlich zur Hecke. Ich folgte ihm. Ganz langsam.

Der Igel war so groß wie ein Meerschweinchen. Seinen Rücken bedeckten tausende kurze, schwarz-weiße Stacheln. Ich ging in die Hocke und blickte in seine schwarzen Knopfaugen. So süß! Ganz im Gegensatz zu den langen Krallen an seinen Pfoten. Richtig gefährlich sahen die aus!

Normalerweise wäre so ein Igel bestimmt davongeflitzt oder hätte sich zum Schutz gegen Feinde eingekugelt. Aber dieser hier blieb einfach stehen. Wie festgefroren. Ganz klar, mit dem Igel stimmte etwas nicht.

„Sind Igel normalerweise nicht viel moppeliger?", fragte ich Paps und musterte mit schief gelegtem Kopf die knochigen Beinchen des Igels.

„Stimmt. Eigentlich müsste er jetzt auch seinen Winterschlaf halten." Paps schaute mich besorgt an. „Ich habe gelesen, dass in letzter Zeit schon häufiger Winterschläfer aufgewacht sind." Er zog ein fleckiges Tuch aus seiner Hosentasche und wischte sich seine dreckigen Hände daran ab.

„Und woran liegt das?", fragte ich neugierig.

„Wenn es so mild ist wie gerade, glauben die Tiere, es sei bereits Frühling."

Ich ließ mich so lautlos wie möglich aufs Gras plumpsen und blickte dem verängstigten Kerlchen noch tiefer in seine schwarzen Knopfaugen. Verschreckt machte der Igel ein paar tapsige

Schritte rückwärts. Kurzes Kopfschütteln von Paps. Dann fuhr er fort: „Wachen sie während ihres Winterschlafs häufiger auf, brauchen sie unnötig viele Fettreserven auf."

Entsetzt schaute ich ihn an. „Du meinst der Kleine könnte ..." Ich schluckte, „... verhungern?"

„Ja", antwortete Paps. „Im schlimmsten Fall das! Und wenn es jetzt wieder kälter werden würde ..."

„Na, dann müssen wir ihm natürlich helfen", unterbrach ich ihn und flitzte aufgeregt ins Haus.

Ich hatte aber so viel Tempo drauf, dass ich an der Verandatür prompt über den Treppenansatz stolperte. Ich fing mich jedoch im allerletzten Moment gerade noch auf.

„Hoppla, Zuckerblume", rief Paps vom Garten aus und lachte. „Immer langsam mit den jungen Pferden."

Ich drehte mich zu ihm um und grinste schief. „Ja, ja!" Ärgerlich schüttelte ich den Kopf. Immer in den ungünstigsten Momenten musste mir das passieren. Manchmal war ich ein echter Tollpatsch.

Ich rannte zur Abstellkammer und durchstöberte hektisch das weiße Regal, in dem unser ganzer Krimskrams lag. Irgendwo musste er doch sein! Der Karton, in dem mir meine Oma aus Malmö vor einer Woche ein paar schwedische Bücher und Lakritze geschickt hatte.

Da! Ganz hinten in der Ecke lag er. Ich klemmte ihn mir unter den Arm und lief zurück zu Paps.

„Ist der Igel noch da?", fragte ich. Er nickte, legte den Zeigefinger an den Mund und deutete zum Liguster.

„Damit richten wir ihm ein neues Winterquartier ein",

flüsterte ich und stellte den Pappkarton auf den Rasen. Verzaubert betrachtete ich das kleine Kerlchen. „Er ist ja so niedlich! Schau dir nur mal sein putziges Näschen an." Ich zeigte auf die dunkle, feucht glänzende Schnüffelnase.

„Wer ist niedlich?", fragte Mama plötzlich hinter mir. Vorsichtig stellte sie ihre prall gefüllten Einkaufstaschen ab und wischte sich eine blonde Locke aus dem Gesicht.

„Wir haben einen Igel unter unserem Liguster", antwortete Paps und zeigte zur Hecke. „Der Arme ist zu früh aus dem Winterschlaf erwacht."

„Kein Wunder", entgegnete Mama knapp. „Dieses Wetter ist ja unglaublich. Jetzt verkaufen sie beim Konditor in der Innenstadt sogar schon Eis in der Waffel. Im Januar!"

„Wir richten dem Igel gerade ein Winterquartier ein", klärte ich Mama auf und zeigte ihr den Pappkarton. „Damit er nicht verhungern muss und gut geschützt ist."

„Das ist eine tolle Idee, Malin. Vielleicht hat ja Luise noch ein paar Tipps für dich?"

Paps und ich schauten sie mit großen Augen an.

„Hä?", fragte ich verdutzt. „Luise aus meiner Klasse?"

„Nee! Luise von der Baumschule", erwiderte Mama. „Die engagiert sich doch schon seit vielen Jahren für den Tierschutz. Also, wenn sich jemand mit Igeln auskennt, dann sie!"

„Na klar! Luise!", rief ich und fasste mir an die Stirn. „Warum bin ich da nicht selbst draufgekommen?"

Luise und ihre Baumschule waren in unserer Stadt so bekannt wie der Bürgermeister. Fast jeder mochte sie. Mehr noch! Luise und ihre Baumschule waren eine richtige Institution. Auch wenn sie mit ihren Karohemden und grünen Outdoorhosen für manche nur eine schrullige Ökotante war.

Ich zog mein Handy aus der Hosentasche, machte ein Foto vom Igel und schickte es an meine zwei besten Freunde Trixie und Einstein. Dazu schrieb ich: IGEL IN NOT. TREFFPUNKT IM HAUPTQUARTIER!

Denn eins war ja klar, als Klima-Checker war es geradezu unsere Pflicht, einen Igel zu retten. Vor allem einen Igel, der wegen des verdrehten Klimas in Not geraten war!

IST DER NIEDLICH! • • •

Keine fünf Minuten nachdem ich den Igelnotruf bei meinen Freunden abgesetzt hatte, stand Trixie in unserem Garten. Kunststück. Ihre Mutter war ja ins Haus nebenan gezogen.

„Ist der niedlich!", wiederholte sie bestimmt schon zum zehnten Mal und blickte den Igel frisch verliebt an.

„Einstein ist auch schon unterwegs", sagte ich genau in dem Augenblick, als das Quietschen von Einsteins Fahrrad durch die Luft hallte. Ich grinste in mich hinein. Ich hatte wirklich die besten Freunde der Welt. Auf die beiden war einfach immer Verlass!

Stolz schritt Einstein über den Rasen und streckte uns eine Packung Katzentrockenfutter entgegen. „Für deinen neuen Untermieter habe ich sogar mit unserer wilden Saphira gekämpft!" Er zeigte uns seinen Unterarm, an dem frische Kratzer und Bisse zu sehen waren. „Das kleine Biest wollte doch tatsächlich sein Futter nicht hergeben." Er lachte schrill auf. „Aber nicht mit mir!"

„Klasse Einstein", lobte ich ihn. „Dann kann unsere Mission ‚Rettet den Igel' ja beginnen."

Doch da kommentierte Trixie dazwischen: „Katzenfutter? Für einen Igel? So ein Quatsch!" Sie zeigte Einstein einen Vogel. „Nicht alles, was im Internet steht, stimmt!"

Einstein verschränkte seine blutig zerkratzten Unterarme vor der Brust. Er war über einen Kopf größer als Trixie und hätte ihr mühelos auf den Kopf spucken können. „Weiß ich selber. Die Info ist aus verlässlicher Quelle. Naturschutzbund."

Trixie verschränkte ebenfalls ihre Unterarme und schob ihr Kinn trotzig nach vorne.

„Zeig her!"

„Stopp!", rief ich und hielt mein Handy zwischen die Köpfe der beiden Streithähne. „Wir rufen Luise an und fragen sie einfach!"

„Welche Luise?", fragte Einstein verdutzt.

„Was? Du kennst Luise nicht?", schoss es gleichzeitig aus Trixie und mir heraus.

„Äh, nö!"

„Luise ist der liebste Mensch, den ich kenne", klärte ich meinen Freund auf. „Sie ist die Besitzerin der Baumschule in der Neubausiedlung am Stadtrand. Mama, Ida und ich gehen regelmäßig in ihr Café TREE."

„Ah, sinnigerweise heißt es gleich Baum", scherzte Einstein. „Das Baumcafé in der Baumschule ..." Er gluckste in sich hinein.

„Na, auf jeden Fall backt sie den besten Schokokuchen der Welt", unterbrach ich ihn genervt. „Ich liebe ihr Café. Luise ist wie eine Oma für mich geworden. Seit ich sie kenne, vermisse ich meine schwedische Mormor viel weniger."

Trixie nickte zustimmend. „Luise ist echt total cool."

„Na, denn", sagte Einstein, „dann rufen wir diese Wunderoma mal an."

Ich wählte Luises Nummer und stellte auf laut.

„Café TREE. Guten Tag!", hörten wir Luises Stimme. Sie klang weich wie Karamell – mit einer kleinen Prise Pfeffer.

„Hallo Luise", antwortete ich. „Hier ist Malin. Und meine beiden Freunde Trixie und Einstein."

„Hallo ihr drei", sagte sie fröhlich durch den Hörer. „Was gibt's?"

„Wir brauchen deine Hilfe", klärte ich sie auf. „In unserem Garten sitzt ein Igel und wir wollen ihm einen Unterschlupf bauen. Einen großen Pappkarton haben wir schon mal …"

„Pappe? Nee, ihr braucht 'ne richtige Kiste."

„Okay", antwortete ich. „Im Keller stehen noch ein paar alte Holzkisten aus Mamas Bio-Laden."

„Sehr gut. Und habt ihr auch Futter besorgt?", fragte Luise.

„Haben wir, und zwar Trockenfutter für Katzen", rief Einstein dazwischen „Das fressen Igel doch? Habe ich zumindest mal gelesen."

„Ja, genau, irgendwo im Internet", murmelte Trixie noch immer ein wenig nachtragend.

Einstein zog nur pikiert die Brauen hoch.

„Richtig. Katzentrockenfutter. Und nur das!", antwortete Luise.

Einstein grinste breit, während Trixie die Augen verdrehte.

„Und was ist mit Milch?", fragte ich. „Die ist doch bestimmt gut, um Fettreserven anzulegen."

„Bloß nicht! Igel können davon Bauchweh oder Durchfall bekommen."

„Okay, danke Dir." Ich wollte gerade „Tschüss!" sagen, als Luise noch schnell hinzufügte: „Und sägt auf jeden Fall einen Eingang für den Igel aus. Und gebt altes Laub, totes Holz oder dünne Zweige hinein. Damit er es warm hat!"

„Geht klar", antworteten wir gleichzeitig.

„Ach, und bevor ich es vergesse. Legt ihm eine Spur zu seinem Unterschlupf." Dann verabschiedete sich Luise und legte auf.

Ich holte eine von Mamas alten Bio-Kisten aus dem Keller. Als ich zurück in den Garten kam, sah ich wie Paps gerade das Werkzeug aufräumte. „Du Paps", rief ich ihm zu, „würdest du uns mit der Kiste helfen? Luise sagt, wir sollen einen Eingang hineinsägen."

„Wird sofort erledigt, Zuckerblume", rief er vergnügt und holte seine Säge. Während Paps sich um den Eingang kümmerte, sammelten Trixie, Einstein und ich altes Laub zusammen.

„In einer Ecke im Schuppen müsste auch noch Heu liegen, das kann bestimmt auch nicht schaden", sagte ich zu meinen Freunden und ging hinein.

Als ich wieder rauskam, wedelte ich stolz mit meiner Beute, einer mit Heu vollgestopften Plastiktüte.

„Sag mal", Einstein schaute mich vorwurfsvoll an. „Sollte das Heu nicht lieber in einen Jutesack oder eine Holzkiste?" Er hielt mir die pralle Plastiktüte direkt vors Gesicht. „Also seit unserem Trip nach Venedig wollten wir doch eigentlich auf Plastik verzichten." Er sprach von unserem ersten Klima-Checker-Fall in Italien. Damals hatten wir zwei Plastikbetrügern das Handwerk gelegt – und uns geschworen, so wenig Plastik wie möglich zu benutzen.

Beschämt verzog ich das Gesicht. „Ups, das ist wohl noch ein Überbleibsel aus der Zeit davor. Ich kümmere mich später darum, jetzt helfen wir erstmal dem Igelchen."

Paps hatte in der Zwischenzeit das Igelhotel fertig gebaut. Selbstverständlich mit Eingang.

„Sieht toll aus, Paps", lobte ich ihn. Sofort suchten wir einen passenden Platz für das neue Igelzuhause. Etwa einen halben Meter weiter links fanden wir schließlich die perfekte Stelle: Unter ein paar dichten Blättern und Ästen des Ligusters. Hier konnte er gut geschützt weiterschlummern.

„Ich hoffe nur, dass der Igel hineingeht", murmelte Paps.

Wir türmten das alte Laub, die Äste und das Heu mit ein paar dünnen Zweigen zu einem Haufen, drückten eine Mulde hinein und streuten etwas Trockenfutter darauf. Anschließend stülpten wir die Kiste darüber. Der Eingang zeigte jetzt in Richtung Rasen. Perfekt für den restlichen Winterschlaf des Igelchens.

„Jetzt fehlt nur noch die Spur", sagte Trixie, nahm etwas Trockenfutter in die Hand und streute eine Linie von der Kiste bis zum Igel. Der saß immer noch reglos unter dem Liguster.

Dann legten wir uns auf die Lauer und warteten.

„Na, mach' schon Hugo", flüsterte Einstein.

„Hugo? Nicht dein Ernst?", zischte Trixie.

„Wieso? Ist doch ein schöner Name."

„Und was, wenn es ein Mädchen ist?", gab ich zu Bedenken. Trixie nickte. „Genau! Überhaupt sind wir zwei Mädchen und ein Junge. Du bist also überstimmt."

„Na gut, ihr Nervensägen", erwiderte Einstein und grinste uns augenrollend an. „Dann ist es eben ein Mädchen."

„Wie wäre es mit Greta?", schlug ich vor.

„Wie Greta Thunberg?", fragte Trixie und lächelte. Sie wusste, dass ich ein großer Fan der Schwedin war. Seit meinem ersten Klimastreik sogar noch mehr denn je.

Ich nickte. „Einverstanden", erwiderte Einstein.

Und damit war es beschlossene Sache.

Doch Greta dachte nicht daran sich zu bewegen. Keinen Zentimeter! Wir holten uns erst eine Limo, dann ein paar Kekse, Trixie döste für einen Moment sogar ein! Aber – nichts passierte. „Das gibt's doch nicht", rief ich enttäuscht.

„Luise", sagte Trixie nur.

Einstein und ich nickten.

Ich rannte zu Paps. „Du Paps, kannst du kurz auf Greta ... äh, also auf den Igel aufpassen? Wir wollen zu Luise in die Baumschule."

„Na klar! Ich bin hier", antwortete er und machte es sich mit seiner Zeitung in einem der Gartenstühle bequem.

Wir schwangen uns auf die Räder. Ich fuhr an der Spitze, da ich den Weg am besten kannte. Wie eine Irre trat ich in die Pedale.

„Beeilt euch", rief ich meinen Freunden über die Schulter zu. „In 20 Minuten schließt das Café."

WAS VERSCHAFFT MIR DIE EHRE?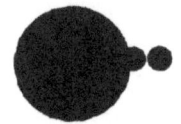

Die Baumschule mit Café lag in einem Wohngebiet am Rande der Stadt. Zwischen all dem Beton stach sie wie eine kleine, grüne Insel heraus. Sie bot dicken Eichen und hohen Buchen einen Platz, genauso wie dicht wachsenden Holunderbüschen oder Eichhörnchen und Vögeln. Jedes Mal, wenn ich das schwere Holztor der Baumschule öffnete und meinen Fuß auf den breiten Kieselweg setzte, wurde mir sofort ganz warm ums Herz. Hier fühlte ich mich zu Hause.

Als wir Luises Café betraten, bimmelte es vertraut. Ich blickte nach oben. Über der Tür hingen vier Glöckchen, die den hellsten, zartesten Ton erklingen ließen, den man sich vorstellen konnte. Elfenglöckchen nannten Mama und ich sie.

Luise stand mit dem Rücken zu uns hinter der weiß gestrichenen Holztheke und verstaute ein paar Tassen im Oberschrank. Sie hatte weißes Haar. Es ging ihr bis über die Schultern und erinnerte mich an Pulverschnee auf einer Skipiste. An diesem Tag trug sie es zu einem fest geflochtenen Zopf.

„Hallo Luise", sagte ich freundlich und winkte Trixie und Einstein herein, die noch in der Tür standen.

Erschrocken wirbelte Luise herum und hätte beinahe eine Tasse fallen lassen.

„Hallo ihr drei!", sagte sie „Na, mit Gästen habe ich jetzt gar nicht mehr gerechnet."

Sie kam zu uns nach vorne. „Hallo, du musst Einstein sein", sagte sie freundlich und gab Einstein die Hand. Sie hatte die Ärmel ihres Hemdes hochgekrempelt, so dass man ihre hellen Unterarme sah, die mit Sommersprossen gesprenkelt waren.

„Hallo! Nett dich kennenzulernen", erwiderte Einstein höflich.

„Ich freue mich auch, Malins Freunde kennenzulernen." Dann sah Luise zu mir. „Und wie geht's dem Igel jetzt?"

„Er will partout nicht in seinen neuen Unterschlupf." Verzweifelt sah ich sie an.

„Trotz Futterspur!", fügte Trixie hinzu.

„Deshalb wollten wir dich fragen, ob du dir den Igel mal anschauen kannst."

„Na, so ein Früchtchen", sagte Luise grinsend. „Ihr habt Glück, der letzte Gast ist gerade gegangen und in fünf Minuten schließe ich sowieso." Sie zeigte auf die leeren Tische, auf denen noch die Weihnachtsdekoration aus grünen Tannenzweigen und roten Ilex-Beeren lag. „Wenn ihr wollt, können wir gleich los."

Plötzlich hörten wir wieder das zarte Bimmeln der Glöckchen über der Tür. Ein drahtiger Mann mit neongrünem Fahrradhelm auf dem Kopf trat ein. Er trug seine langen Haare zu einem seltsamen Knoten und hatte einen hellbraunen Vollbart im Gesicht. Seine Jeans war an den Knöcheln mit einer Spange abgeklemmt. Als wir durchs Fenster schauten, entdeckten wir ein nagelneues, rotes Rennrad vor der Tür. Einstein stieß einen leisen Pfiff aus.

„Wow. Genau so ein Rennrad wünsche ich mir schon seit langem. Aber dafür reicht mein Erspartes niemals. Selbst wenn ich mein ganzes Geburtstagsgeld zurücklegen würde bis ich 18 bin."

„Servus, Luise", sagte der Mann und lächelte breit, während er mit langen, staksigen Schritten an uns vorbei zur Theke ging. Mir fiel auf, dass er trotz der vielen Haare im Gesicht jünger als Paps sein musste. Sein Gesicht sah wie glatt gebügelt aus.

„Schau einer an. Felix Rasner. Was verschafft mir die Ehre?",
sagte Luise und verzog den Mund zu einem schmalen Lächeln.
Freude sah anders aus.

„Ach du, ich war grade in der Gegend und wollte mal bei dir
vorbeischauen."

„Naja, das hast du ja jetzt getan", erwiderte sie trocken und
zeigte mit der Hand zur Tür. Ihr Lächeln war verschwunden.

Der Mann schien von ihrer abweisenden Art jedoch nicht sonderlich beeindruckt zu sein.

„Wie mir ein paar Spatzen von den Dächern gezwitschert
haben, hast du die Baumschule an die Stadt verkauft! Du willst
wohl in den wohlverdienten Ruhestand?", erwiderte er und
machte ein paar weitere Schritte durch das Café, während er
sich neugierig umschaute und die Hände hinter dem Rücken verschränkt hielt.

Luise nickte. „Genau. Und die Stadt wird einen neuen Pächter
suchen."

Doch dieser Rasner schien Luise gar nicht richtig zuzuhören.
Ich bekam ein ganz komisches Gefühl im Bauch.

Er blieb vor einem Bild stehen, das Luise zeigte, wie sie den
ersten Baum auf dem Gelände anpflanzte. Damals hatte sie statt
der schneeweißen noch rotblonde Haare gehabt.

„Eigentlich ja schade um die Baumschule."

Verblüfft sah Luise ihn an.

„Wovon redest du?", fragte sie mit frostiger Stimme.

„Ja, hat dir denn keiner was gesagt?"

„Was gesagt?", fragte Luise ruppig zurück. Sie schien den
Kerl nicht sonderlich zu mögen. Und auch mir wurde er immer
unsympathischer.

„Naja, wenn alles nach Plan läuft, übernehme ich bald das Gelände."

Luise stutzte.

„Du als Cafébesitzer mit Baumschule? Ich dachte, du hast das Bauunternehmen deines Vaters geerbt?"

Er stieß einen lauten Lacher aus, dann baute er sich nah vor Luise auf. „Ganz genau", raunte er ihr zu. Seine Augen blitzten kurz bedrohlich auf.

Luise wurde schneeweiß im Gesicht.

Mit erstickter Stimme flüsterte sie: „Was, Herrgott nochmal, willst du hier?"

Mir klopfte das Herz bis zum Hals. Ich fand diesen Typen echt unheimlich. Trixies und Einsteins Gesichtsausdruck nach zu urteilen, ging es den beiden wohl ähnlich.

„So wie es aussieht, wird mir die Stadt das Gelände weiterverkaufen. Dann setz' ich ein Einkaufszentrum drauf – natürlich mit großem Bio-Supermarkt." Rasner zwinkerte Luise zu und grinste breit. „Denn, auch wenn du mir das vielleicht nicht glaubst, wir stehen eigentlich für die gleichen Dinge ein."

Luise schüttelte heftig den Kopf. „Bloß weil wir beide mal gegen das Waldsterben demonstriert haben, heißt das noch lange nicht, dass wir die gleichen Ziele verfolgen", erwiderte sie düster.

„Das finde ich allerdings sehr schade!", raunte ihr Rasner tonlos zu. Er starrte Luise mit festem Blick an.

Einstein, Trixie und ich sahen uns nervös an. Mir wurde abwechselnd heiß und kalt.

Ohne ein weiteres Wort machte Rasner urplötzlich auf dem Absatz kehrt und öffnete die Tür. Die Elfenglöckchen bimmelten. Kurz bevor er hinausging, drehte er sich nochmal um und winkte mit großkotzigem Grinsen im Gesicht. „Habe die Ehre!", rief er in den Raum hinein und ließ die Tür mit einem ohrenbetäubenden Rumms ins Schloss fallen, so fest, dass sich ein Glöckchen löste und zu Boden fiel.

Als er endlich draußen war, schnappte Luise nach Luft. Schwer atmend hielt sie sich an der Kante der Theke fest. Trixie lief zur Tür, hob das Glöckchen vom Boden auf und legte es auf den Holztresen.

„Alles okay, Luise?", fragte ich besorgt.

Luise schüttelte langsam mit dem Kopf und fasste sich an die Brust. „Mir … geht's … nicht gut. Ich … krieg' … kaum … Luft." Erschöpft ließ sie sich auf einen Stuhl sinken.

„Soll ich dir ein Glas Wasser holen?", fragte Einstein.

Luise nickte.

Nachdem ihr Einstein ein Glas frisches Leitungswasser gereicht hatte, atmete sie ein paar Mal durch. „Jetzt geht es schon wieder etwas besser."

„Ich rufe lieber Mama an", schlug ich vor. „Die fährt dich nach Hause."

„Ach was", wehrte Luise kopfschüttelnd ab. „Mir geht's schon wieder besser."

„Papperlapapp!", rief Einstein streng. „Wir rufen Malins Mutter an!"

Kurze Zeit später stand Mama im Café. „Na, du machst vielleicht Sachen." Sie strich Luise sanft über den Arm.

Luise lächelte schwach. „Danke, Pernilla, dass du so schnell gekommen bist. Aber es geht schon wieder."

„Das ist doch selbstverständlich", antwortete Mama. „Komm,

ich fahr' dich jetzt erst mal nach Hause!"

„Und was ist mit dem Igel?" Luise schaute zu Trixie, Einstein und mir. „Deshalb seid ihr doch da!" Typisch Luise. Immer in Sorge um die anderen.

„Ach der. Alles gut", sagte Mama vergnügt. „Der ist dann doch noch in seinem neuen Unterschlupf verschwunden."

Einstein, Trixie und ich sahen uns zufrieden an.

„Das hört sich gut an", sagte Luise, die schon wieder etwas mehr Farbe im Gesicht hatte.

„Bernd und ich haben ihm noch etwas mehr von dem Katzenfutter hinein gestreut. Ich denke, er müsste jetzt bald wieder in seinen Dornröschenschlaf verfallen", sagte Mama.

„Und was war bei euch los? Warum hattest du so plötzlich diesen Schwächeanfall?", wollte Mama wissen.

Wir erzählten ihr von Felix Rasners seltsamen Auftritt.

Mama konnte nicht glauben, was sie da hörte.

„Was? Felix Rasner will deine Baumschule abreißen lassen und ein Einkaufszentrum bauen?"

Ich nahm ihre Hand und sagte so ruhig wie möglich: „Und jetzt fall' bitte nicht in Ohnmacht – aber er will in dem Einkaufszentrum auch einen Bio-Supermarkt eröffnen." Jetzt war es Mama, die ganz blass wurde.

„Was? Aber … das wäre ja eine direkte Konkurrenz zu unserem Bio-Laden." Sie schaute uns einen nach dem anderen entsetzt an. „Karo und ich haben doch gerade erst eröffnet. Das wäre unser Ruin!"

Auch Luise sah betrübt aus. „Ich wurde einfach reingelegt", wisperte sie düster. „Einfach reingelegt. Stadtrat Karwinkel hatte mir zugesichert, dass das Café und die Baumschule bleiben. Auch wenn ich verkaufe."

„Wenn es einen unterschriebenen Vertrag gibt, dann hat der Rasner keine Chance mit so was durchzukommen", sagte Einstein.

Luise sank in sich zusammen und starrte mit glänzenden Augen zum Fenster hinaus.

„Es gibt aber keinen Vertrag", antwortete sie matt und rieb sich die Stirn. „Ein Wort gilt doch noch was. Oder nicht?"

Mama biss sich auf die Unterlippe und schüttelte den Kopf.

„Ohne schriftlichen Vertrag hast du leider keine Handhabe gegen diesen Rasner", flüsterte sie und legte Luise eine Hand auf die Schulter.

Luise hatte keine Chance! Sie war reingelegt worden.

Urplötzlich stieg eine fette Wut in mir hoch.

„So ein mieser Typ", rief ich. „Wir müssen diesem Kerl das Handwerk legen."

„Stimmt, das ist ganz klar ein Fall für uns Klima-Checker!", rief Trixie und ballte die Faust.

Luise verstand nur Bahnhof.

„Klima-Checker?", fragte sie.

„Die drei haben einen Verein gegründet, der sich für die Umwelt und gegen den Klimawandel engagiert!", klärte Mama Luise auf. Luise sah uns beeindruckt an.

„Und da die Baumschule als grüne Lunge der Stadt wichtig im Kampf gegen die Erderwärmung ist, muss sie gerettet werden!", erwiderte Einstein feierlich. Jetzt verstanden wir anderen nur Bahnhof.

„Ist doch ganz einfach", sagte Einstein. „Ein Baum wirkt wie eine natürliche Klimaanlage. Je mehr Bäume also, umso weniger Erderwärmung."

„Und wie wollt ihr das anstellen?", fragte Luise zweifelnd. „Gegen Rasner, den größten und skrupellosesten Bauunternehmer der Stadt, können Kinder bestimmt nicht viel ausrichten."

„Lass' das mal unsere Sorge sein", erwiderte Einstein ruhig und rückte seine Brille zurecht.

„Du wirst sehen – uns fällt immer was ein", sagte ich und stemmte beide Hände in die Hüften.

„Klaro tut es das! Wir sind schließlich die Checker – die Klima-Checker – Erden-Retter", rappte Trixie tänzelnd. Damit brachte sie uns alle zum Lachen. Sogar Luise.

SCHNELLIGKEIT IST UNSER VERSPRECHEN

Am nächsten Tag fuhren wir wieder zu Luise ins Café, um dort eine außerordentliche Klima-Checker-Sitzung abzuhalten. Als wir durch den Eingang der Baumschule traten, fiel mir zum ersten Mal auf, wie riesig das Gelände eigentlich war. Abseits des großen Kieselwegs führten viele kleine Pfade durch ein Labyrinth aus Hecken, Sträuchern und Bäumen. Vor allem im Frühling und Sommer war es hier das reinste Paradies, gegen eine kleine Spende konnte man dann Himbeeren, Erdbeeren oder Kirschen pflücken. Auf einer kleinen Lichtung, in der Nähe des Cafés, hatte Luise in den Sommermonaten Strohballen übereinandergestapelt, auf denen wir Kinder herumtoben durften. Ich schluckte. Der Gedanke daran, dass dies bald alles Geschichte sein sollte, versetzte mir einen schmerzhaften Stich. Ich liebte Luises Baumschule. Und deshalb mussten wir sie retten!

„Schau mal da", riss mich Trixie aus meinen Gedanken. Sie zeigte auf eine große Buche, an deren Baumstamm flink ein Eichhörnchen hinaufhuschte.

Das Kerlchen erinnerte mich an einen rothaarigen Kobold. „Halten die keinen Winterschlaf?", fragte ich erstaunt.

„Nein, natürlich nicht", antwortete Einstein. Er trat an den Baum, den das Eichhörnchen vor ein paar Sekunden noch hinaufgeklettert war und ging in die Knie. Vorsichtig tastete er den dicken Stamm ab, als würde er etwas suchen.

„Wusstet ihr, dass sie sich für die Wintermonate richtige Depots an Nüssen, Samen und Früchten anlegen, die sie bei Hunger einfach plündern?"

„Ach so", sagte Trixie und fasste sich an die Stirn. „Deshalb wuseln im Herbst immer so viele von ihnen die Bäume rauf und runter."

Einstein setzte sein Professorengesicht auf und rückte seine Brille zurecht. „Genau. Mit ihren Futterlagern helfen sie bei der Verbreitung von Baum- und Straucharten."

„Echt? Aber ich dachte, sie essen die Nüsse und Beeren sofort auf?", sagte Trixie.

Einstein kicherte. „Ja schon, aber genau darum geht es ja. Wenn sie ihre Sammelstellen für den Winter anlegen, verbuddeln sie einen Teil ihrer Vorräte in der Erde. Sie vergessen aber viele ihrer Verstecke gleich wieder und so wachsen dann an diesen Stellen plötzlich Sträucher oder Bäume." Zufrieden schaute er uns an.

„Das hör ich jetzt auch zum ersten Mal", gab ich zu. „Gut, dass wir dich haben, du wandelndes Internet-Lexikon!" Ich puffte ihn freundschaftlich in die Seite.

Einstein gluckste wieder und fügte geheimnisvoll hinzu: „Hi-hi, und sie tun noch etwas ..."

Jetzt war ich aber gespannt! Aufgeregt ballte Einstein seine Finger zu Fäusten und ließ sie dann wieder los. Ich wusste, dass er jeden Moment in sein hysterisches Gelächter verfallen würde.

„Sie ... ka...", prustete er los. „ka - cken. Hi hi hi!"

Ich konnte mir ein Jauchzen nicht verkneifen. Einstein war manchmal echt der Knaller!

„Was?", schrie Trixie entsetzt auf. „Wäh...!"

„Na ja, sie essen ihre Früchte und Nüsse, kacken die Kerne raus und verteilen so die Samen."

„Das ist ja sooo eklig", sagte Trixie und rümpfte die Nase.

Ich fand es cool! Ein Grund mehr, die Baumschule und andere Wälder zu schützen!

Nach zehn Minuten erreichten wir endlich das Café. Ein starker Wind hatte über Nacht kühle Luft zu uns gebracht. Es waren nur noch fröstelige acht Grad!

„Ich hol' uns bei Luise ein paar warme Decken", schlug ich vor. „Dann können wir uns raussetzen."

Ein paar Minuten später trat ich auf die kleine Holzterrasse vor dem Eingang des Cafès, wo meine Freunde bereits auf mich warteten. Von der Terrasse aus hatte man einen wunderbaren Blick auf die Bäume. Außerdem konnten wir hier ganz ungestört reden.

„Prima Idee", sagte Trixie, als ich ihr eine Wolldecke auf die Knie legte. Sofort mümmelte sie sich friedlich seufzend hinein. „Mmh, schön kuschelig!"

Luise verwöhnte uns mit Kakao und Zimtschnecken.

„Lasst es euch schmecken, Kinder", sagte sie freundlich und stellte ein Tablett mit feinem Porzellangeschirr auf unserem Tisch ab. Mama und ich bewunderten dieses Geschirr schon lange. Mit seinen zarten Blumenmustern erinnerte es uns an Schweden.

„Wenn ihr noch etwas braucht, findet ihr mich drinnen", sagte Luise noch und ging wieder ins Café.

Wir nickten und riefen ihr im Chor hinterher: „Danke!"

Sofort machten wir uns über die Zimtschnecken her.

„Einfach köstlich", murmelte Einstein mit vollem Mund und leckte die letzten Krümel von seinem Teller.

„Ja, ja", sagte ich ungeduldig. „Aber ehrlich gesagt, es gibt jetzt wichtigere Dinge, Einstein. Wir müssen die Baumschule retten!"

Fest entschlossen schaute ich meine Freunde an.

„Ich hab nachgedacht. Erstmal müssen wir herausfinden, ob die Stadtverwaltung das Gelände wirklich an Felix Rasner weiterverkaufen will", sagte Trixie, die es sich im Schneidersitz auf einem Stuhl bequem machte. „Mama arbeitet ja für den Bürgermeister. In letzter Zeit hat sie immer was von Stress bei der Arbeit und einer wichtigen Stadtratssitzung erwähnt." Gedankenversunken wickelte sie eine Haarsträhne um ihren Finger und betrachtete ihre rosa Chucks. Plötzlich hielt sie inne und schaute uns an. „Vielleicht wird ja in der Sitzung über den Verkauf an Felix Rasner verhandelt?"

„Stimmt", rief Einstein. „Das würde absolut Sinn machen."

Ich kramte einen Stift und ein Blatt Papier aus meinem Rucksack und notierte mir SITZUNG IM RATHAUS. Dahinter schrieb ich in Großbuchstaben: WANN?

„Kannst du deine Mutter mal ein bisschen ausfragen?", bat ich Trixie.

„Klar, am besten mach' ich das jetzt gleich. Sie kommt heute früher von der Arbeit nach Hause und ist dann immer in Redelaune." Trixie sprang auf. Im Vorbeigehen schnappte sie sich noch eine Zimtschnecke und biss genüsslich hinein.

„Die Schimtschecken schind escht dea Wahnschinn!"

„Warte, ich komm mit", rief Einstein, stand auf und griff hastig nach seiner Umhängetasche, die an seinem Stuhl hing. „Um ein Haar hätte ich vergessen, dass ich meiner Mutter versprochen habe, auf Leyla aufzupassen." Einstein sprang öfter als Babysitter für seine kleine Schwester ein.

„Ja, ja, ihr treulosen Tomaten", witzelte ich, „lasst mich ruhig alleine ..." Mit verschränkten Armen und Schmollmund blieb ich allein am Tisch sitzen.

Trixie umarmte mich. „Das nächste Mal machen wir eine richtige, schwedische Fika. Versprochen!"

Etwas später saß ich wieder zu Hause in der Küche an Mamas Laptop und recherchierte zu unserem Fall. Ich wollte so viel wie möglich über diesen Rasner wissen. Wer war er? Was hatte er in der Baufirma zu sagen? In einem Artikel der Tageszeitung stand, dass er vor einem halben Jahr die Baufirma seines verstorbenen Vaters übernommen hatte. Er war der einzige Erbe. Aber woher kannten er und Luise sich so gut? Sie hatte diese komische Andeutung mit der Demo gegen das Waldsterben gemacht.

Da klingelte mein Handy. Trixie! Sekundenschnell drückte ich auf Annehmen.

„Hallo!"

„Wow, das ging ja schnell!"

„So bin ich eben. Schnell!", antwortete ich trocken.

„Malin! Hör zu, das ist voll krass. Das wirst du nicht glauben! Echt der Hammer! Unglaublich! Total unglaublich!"

„Was? Sag schon!"

„Du wirst nicht glauben, was ich gerade herausgefunden habe!"

Unruhig trommelte ich auf den Tisch.

„Ja! Was denn? Rück' es endlich raus!"

„Also. Meine Mutter hat mir erzählt, dass sie in den letzten Tagen nichts Anderes gemacht hat, als diese komische Sitzung vorzubereiten." Trixie machte eine dramatische Pause. Langsam verlor ich echt die Geduld. Ich schnaufte in den Hörer – extra laut! Aber Trixie ließ sich nicht aus dem Konzept bringen.

„Jeden der 24 Stadträte sollte sie einzeln anschreiben", plapperte sie weiter. „Sie wollen über eine wichtige Sache abstimmen. Drei Mal darfst du raten …".

„Über den Verkauf von Luises Baumschule an diesen seltsamen Rasner …", erwiderte ich nach Luft schnappend.

„Genau!", antwortete Trixie.

„Das ist ja echt der unglaublichste Hammer überhaupt", rief ich und haute mit der Faust auf den Tisch. „Dieser Rasner!"

„Arme Luise. Das Café ist ihr Lebenswerk und er will es aus reiner Geldgier zerstören", sagte Trixie. „Wir müssen sofort zu ihr und sie warnen!"

Ich hätte am liebsten das Telefon gegen die Wand geworfen. Wenn ich eins nicht ausstehen konnte, dann, wenn es ungerecht zuging.

„Okay, ich sag Einstein Bescheid. Treffpunkt vor der Baumschule!", rief ich. „Einzelheiten besprechen wir vor Ort!"

„Geht klar", bestätigte Trixie und legte auf.

Ich schlüpfte in meine schwarzen Schnürstiefel und zog mir im Gehen meine Daunenjacke an. Gerade als ich zur Tür hinauswollte stand Paps vor mir. „Nanu, wo willst du denn so schnell hin?", fragte er mich.

„Ich hab' noch was Wichtiges zu erledigen", murmelte ich und drückte mich an ihm vorbei.

Dann schwang ich mich auf mein Fahrrad und radelte los. Auf halber Strecke fiel mir Einstein wieder ein. Ich hielt kurz an und textete ihm: TREFFEN AN DER BAUMSCHULE. JETZT!!!!!

Als ich um die nächste Kurve bog sah ich sie.

Nein, nicht Trixie und Einstein! Sondern zwei gelbe Bagger. Jemand hatte sie, richtig fett, links und rechts neben dem Eingang der Baumschule abgestellt.

Mit quietschenden Reifen und klopfendem Herzen brachte ich mein Rad zum Stehen. Ein paar Minuten später legte Trixie eine Vollbremsung neben mir hin und ließ die Steinchen auf dem Feldweg meterweit durch die Gegend spritzen.

Kopfschüttelnd zeigte ich auf die Bagger, deren Tür der Schriftzug RASNER-BAU – SCHNELLIGKEIT IST UNSER VERSPRECHEN zierte.

„Dieser blöde Felix Rasner!" Ich spürte wieder diese Wut in mir aufsteigen. Ein brodelnder Vulkan wäre ein Pups dagegen.

„Oh, dieser Fiesling! Dieser Möchtegern-Bauherr!"

Ich ballte die Hände zu zwei Fäusten.

„Meinst du Luise hat die Bagger schon gesehen?", fragte mich Trixie besorgt.

„Bestimmt", sagte ich und atmete zur Beruhigung ein paar Mal tief durch. „Uns bleibt nicht mehr viel Zeit. Wir brauchen schleunigst einen Plan. Wir müssen diesem Rasner so schnell wie möglich einen Strich durch die Rechnung machen."

In diesem Moment kreischten Einsteins Bremsbeläge wie eine durchgedrehte Sirene neben uns auf.

„Hi, Einstein", grüßten Trixie und ich im Chor, während unsere Augen an den gelben Baggermonstern hängen blieben.

„Hi", grüßte uns Einstein zurück. „Was gibt's denn schon wieder so Eiliges? Ihr habt Glück. Ich konnte Leyla gerade noch an meinen Vater weiterreichen."

Ich beugte mich über den Lenker und sah rüber zu Einstein. Als ich Einsteins Outfit sah, konnte ich mir ein kleines Grinsen nicht verkneifen.

Er war dick und fett in einen Winterparka samt Wollschal eingepackt. Auf seinem Kopf thronte eine dieser Fellmützen mit Ohrenklappen.

„Sag mal Einstein, ist das nicht ein bisschen übertrieben? Wir sind schließlich nicht in Sibirien", fragte ich ihn.

„Mein Organismus muss sich erst mal wieder an die kühlen Temperaturen gewöhnen", erwiderte er ernst.

Trixie prustete los vor Lachen.

Einstein beugte sich ganz weit über seinen Lenker und

versuchte mit zusammengekniffenen Augen den Schriftzug an dem Bagger zu entziffern.

„Wohl wieder deine Brille vergessen?", fragte Trixie, noch immer kichernd.

„Drei Mal ...", begann sie und strich sich eine Lachträne aus dem Gesicht.

„Darfst du raten ...", vervollständigte ich Trixies Satz.

Einstein schaute zuerst zu uns. Dann zu den zwei Baggern.

„Rasner, oder?", fragte er knapp.

Trixie und ich nickten.

Jetzt wurde unser sonst so ruhiger Freund echt sauer!

„Dieser Rasner hat sie doch nicht mehr alle! Das ist ein Einschüchterungsversuch. Er will Luise damit Angst machen!", brüllte Einstein und riss sich die Fellmütze vom Kopf.

„Und das, obwohl ihm das Café und die Baumschule noch gar nicht gehören", sagte ich in ruhigerem Ton. Es reichte ja schon, wenn sich Einstein so richtig aufregte.

„Genau", gab mir Trixie recht. „Deshalb haben wir dich auch herbestellt. Meine Mutter hat mir erzählt, dass es nächsten Freitag eine Stadtratssitzung geben soll, in der darüber abgestimmt wird."

Erschrocken schaute ich zu meiner Freundin. Das hatte sie vorhin am Telefon ja noch gar nicht erwähnt.

„Was? Das wäre ja schon in sechs Tagen?!", rief ich deshalb. „So schnell kriegen wir Rasner doch nie aufgehalten!" Ich fühlte mich mit einem Mal richtig mutlos.

„Also, ich hab' das mal im ...", begann Einstein. Unsicher schaute er zu Trixie, fuhr dann aber fort: „Im Internet recherchiert.

Wir könnten eine Demonstration organisieren. Das ist auch für Kinder erlaubt." Er grinste. „Ich sage nur UN-Kinderrechtskonvention! Außerdem könnten wir eine Petition zur Rettung der Baumschule ins Leben rufen."

„Eine Petion? Was soll das denn sein?", fragte Trixie.

„PE-TI-TION heißt das und bedeutet, dass jeder Mensch, egal wie alt, sich über etwas beschweren kann. Und je mehr es werden, die sich über etwas beschweren und es ändern wollen, desto höher sind die Chancen, dass sich auch etwas ändert."

„Na, dann sollten wir uns schleunigst an die Arbeit machen", ordnete Trixie an. „Uns bleibt nicht mehr viel Zeit. Meine Mutter hat erzählt, dass am Freitag auch über den Bebauungsplan für das Einkaufszentrum gesprochen werden soll."

„Aber vorher müssen wir unbedingt Luise einweihen", sagte ich, während ich hinüber zu den Baggern sah und Trixie, die meinem Blick gefolgt war, den Schriftzug für den brillenlosen Einstein tonlos vorlas:

Rasner-Bau – Schnelligkeit ist unser Versprechen

ER WILL MIR ANGST EINJAGEN

Als wir das Café betraten, servierte Luise gerade einem älteren Ehepaar Schokokuchen mit Sahne. Mir lief das Wasser im Mund zusammen. Oh, wie ich Luises Schokokuchen liebte! Als sie uns bemerkte, entschuldigte sie sich kurz bei ihren Gästen und kam zu uns.

„Gut, dass ihr da seid", begann sie und zog uns zur Theke. „Ihr habt die Bagger ja bestimmt schon gesehen."

Wir nickten. Luise schien trotz allem guter Laune zu sein.

„Dieser Rasner ist so ein Idiot!", sagte ich leise.

„Ja, das kann man wohl sagen", wisperte Luise zurück. „Er will mir Angst einjagen."

„Woher kennst du den eigentlich?", wollte Trixie wissen.

„Ich war mit seiner Mutter Angelika lange befreundet, bis sie Felix' Vater heiratete." Sie verzog verächtlich den Mund. „Einen arroganten und machtbesessenen Mann, der nur das große Geld im Kopf hatte."

„Hatte?", hakte Einstein interessiert nach.

„Ja, er ist letztes Jahr verstorben." Luise schaute kurz zu dem älteren Ehepaar, bevor sie weitersprach: „Er war der größte Bauunternehmer der Stadt ..."

„Und Felix ist sein Nachfolger", beendete Einstein den Satz.

„Und damit der selbst ernannte Baukönig der Stadt", stellte ich höhnisch fest.

„Das trifft es gut", antwortete Luise schmunzelnd. „Früher bin ich manchmal mit Felix und seiner Mutter zu Demos gegen das Waldsterben gegangen." Sie seufzte. „Aber ich war Felix' Vater schon immer ein Dorn im Auge und irgendwann hörte ich nichts mehr von Angelika."

„Tja, dafür ist ja jetzt der Baukönig aufgetaucht", antwortete ich finster.

„Und wie es aussieht, hat er viel von seinem Vater gelernt." Luise strich sich mürrisch eine weiße Strähne aus dem Gesicht. „Zum Beispiel wie man andere einschüchtert und sich das holt, was man will."

„Naja, zumindest will er einen Bio-Supermarkt aufmachen", sagte Trixie. Sie lehnte locker mit dem Rücken an der Wand und schaute uns mit einem Blick an, als hätte sie uns gerade eröffnet, dass Bruchrechnen auch Spaß machen kann. Ich konnte nicht glauben, was ich da hörte.

Den anderen ging es wohl ähnlich. Deshalb fügte Trixie schnell hinzu: „Naja ... ich meine, besser als nichts, oder?!"

Ich zeigte ihr den Vogel. „Egal, ob mit oder ohne Bio. Dieser Typ ist total mies und obendrein eine Gefahr für die Umwelt!"

Luise schaute zu ihren Gästen.

Sie wollte anscheinend nicht, dass sie uns hörten. „Wollt ihr vielleicht einen Kakao und ein Stück Kuchen? Wir können ja später weiterreden", sagte sie und deutete vielsagend mit dem Kinn zu dem Ehepaar, dass sich stumm gegenübersaß und Kaffee schlürfte.

„Juhu! Ich dachte schon, du fragst gar nicht mehr!", rief Einstein und leckte sich genüsslich über die Lippen. „Du machst die besten Kuchen der Stadt, habe ich mir sagen lassen!" Dabei schaute er Trixie und mich an.

Luise lachte schallend. „Danke für das Kompliment!"

Wir setzten uns an einen der freien Tische und machten uns über das Gebäck her. Für mich und Trixie musste es Luises Schokosahnetorte sein, Einstein entschied sich für einen

Apfelkuchen. Luise nahm an unserem Tisch Platz und sah amüsiert zu, wie wir uns jeden Bissen genüsslich auf der Zunge zergehen ließen.

Nach einer Weile legte ich die Kuchengabel beiseite und sagte mit fester Stimme: „Wir haben Neuigkeiten. Es geht um den Verkauf der Baumschule."

Luises Gesicht sah für einen kurzen Augenblick wie versteinert aus. Ich sah Trixie an und nickte. Die nickte zurück und erzählte Luise von der geplanten Stadtratssitzung, in der es um den Verkauf der Baumschule gehen sollte.

„Meine Mutter meinte, es sei eine öffentliche Sitzung, zu der jeder kommen kann", beendete Trixie ihren Bericht.

Ich hielt den Atem an. Wie würde Luise jetzt reagieren? Ich machte mich schon auf alles gefasst. Doch Luise sah Trixie nur nachdenklich an. Plötzlich machte sich ein kleines Lächeln auf ihrem Gesicht breit. Es wirkte jedoch alles andere als freundlich.

„Sieh einer an! Felix will's also wissen. Ich bin mir sicher, dass er selbst den Antrag auf Verkauf gestellt hat."

„Wir wollen dir helfen, Luise", sagte ich laut und nahm ihre Hand.

„Und wir haben auch schon eine Idee", fügte Einstein geheimnisvoll hinzu.

„Aha!" Luise sah ihn gespannt an.

„Mit Demos kennst du dich doch gut aus, oder?", fragte ich vielsagend.

Luise verstand sofort, worauf ich hinauswollte. Auf die Demos, die sie vor vielen Jahren gegen das Waldsterben organisiert hatte.

„Bestens sogar! Das wird ein Spaß!", rief sie und rieb sich vergnügt die Hände. Sie ging hinter die Theke und kramte aus einer der unteren Schubladen einen dicken Block und einen Stift hervor. Dann kam sie wieder zu uns zurück und setzte sich neben mich.

„Uns bleibt nicht mehr viel Zeit, Kinder", sagte sie und legte mit Schwung den Notizblock auf den Tisch. Flink schrieb sie eine große Eins auf das Papier.

„Erstens, wir müssen die Demo im Rathaus und bei der Polizei anmelden. Am besten so schnell wie möglich." Sie sah zu Trixie. „Könnte das vielleicht deine Mutter übernehmen?"

„Bestimmt. Ich rede mit ihr."

„Gut", murmelte Luise und schrieb weiter. „Ich schlage vor, dass wir uns direkt vor dem Rathaus versammeln. Wie wäre Dienstag? Das wäre in drei Tagen. Reicht das?"

„Klar. Wir brauchen ja nicht viel – ein paar Transparente und natürlich so viele Leute wie möglich, die mitdemonstrieren", antwortete Einstein, der jetzt ebenfalls in seinem Element war.

Mir kam eine Idee: „Ida kennt fast Jeden an der Schule, sie kann uns bestimmt ein paar Mitstreikende organisieren. Und Mama könnte im Bioladen Werbung für die Demo und die Petition machen."

„Super", sagte Einstein. Dann schaute er wieder zu Luise und klärte sie auf: „Da am Freitag schon die Versammlung der Stadträte ist, habe ich vorgeschlagen, zusätzlich noch eine Petition zu starten. Dann haben wir zum einen die Demo und ..." – aufgeregt unterbrach ich meinen Freund: „... die Unterschriften aus der Online-Petition, die schwarz auf weiß zeigen, dass wir kein Einkaufszentrum wollen. Dass die Baumschule erhalten bleiben soll!"

„Großartig", jubelte Luise.

Mir schoss noch eine Idee durch den Kopf. „He Einstein, Ida hat in der Schule mal das Thema „Petition" durchgenommen. Als Schülerprojekt. Sie kann dir da bestimmt helfen."

„Perfekt!", rief Einstein und trommelte begeistert mit seinem Löffel gegen seinen Kakaobecher. Ein grässlicher, greller Ton!

Ich hielt mir die Ohren zu. Doch Einstein trommelte unbeirrt weiter und dachte nach, den Kopf von uns abgewandt.

„Einstein", schrie ich schließlich genervt. Das ältere Ehepaar drehte sich erschrocken zu uns um. „Hör endlich damit auf! Mir platzen gleich die Ohren." Sofort legte mein Freund seinen Löffel auf den Tisch und griente wie Kater Garfield persönlich. Minuten später – ich dachte schon, er hätte sich jetzt komplett in seine Einstein-Welt gebeamt – schaute er wieder zu Trixie, Luise und mir und fasste zusammen: „Also, ihr organisiert die Anmeldung und die Transparente, Ida und ich kümmern uns um die Petition."

„Und Mama", fügte ich hinzu, „macht bestimmt den Fahrdienst für uns."

„Wunderbar", sagte Luise und lehnte sich zufrieden in ihren Stuhl zurück.

Einstein rückte etwas näher an sie heran und säuselte einschmeichelnd: „Und wenn du noch etwas Leckeres für Leib und Seele mitbringen könntest ..."

„Klar, dass du wieder nur ans Essen denkst", unterbrach ihn Trixie frotzelnd.

Einstein schnitt ihr eine Grimasse und antwortete trotzig: „Wirst schon sehen, das lange Rumstehen macht hungrig!"

„He, ihr zwei!", ging ich jetzt dazwischen. „So kenn' ich euch ja gar nicht. In letzter Zeit seid ihr ja nur noch am Streiten."

„Malin hat recht. Wir müssen jetzt zusammenhalten", sagte auch Luise und packte Einstein und Trixie fest an den Händen. Dann fügte sie verschwörerisch hinzu: „Rasner darf nicht gewinnen! Dafür müssen wir sorgen."

NATURSCHUTZ IST AUCH KLIMASCHUTZ

Unsere Demo vor dem Rathaus stand unter einem schlechten Wetterstern! Kaum hatte ich mich mit Trixie und Einstein auf dem Platz vor dem Rathaus postiert, spürten wir auf unseren Köpfen auch schon die ersten Regentropfen.

„Na, das kann ja heiter werden", stöhnte ich und hielt die offene Hand in die Luft.

„Da nimm mal!", Trixie gab mir ihr weißes Transparent, auf das sie mit dickem Filzstift RETTET DIE BAUMSCHULE geschrieben hatte. Daneben waren ein paar Bäume und Pflanzen abgebildet.

Ich nahm es ihr ab und klemmte mir mein eigenes Schild unter den Arm. Schnell zog sich Trixie die Kapuze ihrer Winterjacke über den Kopf. Sekunden später begann es wie aus Kübeln zu schütten.

„Na toll", grummelte ich, während wir uns unter das Vordach des Rathauses stellten.

Doch nicht nur das. Es war außerdem schweinekalt. Hätte ich bloß meine dicken Handschuhe aus Alpakawolle dabeigehabt, die Mama für mich gestrickt hatte.

Trixie und Einstein schauten düster gen Himmel. Einstein war wie immer fett eingepackt, um seinen „Organismus an die Kälte zu gewöhnen", wie er neulich gesagt hatte. Ich drückte mein Schild fest an die Brust und schützte mich so wenigstens vor dem eisigen Wind, doch ich zitterte vor Kälte am ganzen Körper.

„Hier für dich", Einstein setzte mir seine Fellmütze auf den Kopf und zog sich selbst seine wattierte Kapuze über.

„D-D-Danke", stotterte ich mit klappernden Zähnen.

Stundenlang hatten wir im Schuppen an den Schildern gearbeitet. Einsteins Spruch lautete: WIR SIND HIER, WIR SIND LAUT – WEIL IHR UNS DIE BÄUME KLAUT.

Ich wollte den Baukönig indirekt ansprechen: NUR FETTE KOHLE ODER LIEBER DEM KLIMA ZU WOHLE?

„Na, dann warten wir mal. Der Regen wird ja hoffentlich bald aufhören", sagte Einstein und schaute die Straße runter.

Wenigstens standen wir nicht allein herum. Wir hatten alle unsere Freunde, Mitschüler und Bekannten zusammengetrommelt, die sich nun nach und nach auf dem Rathausplatz mit Regenschirmen in der Hand verteilten.

„Wahnsinn", rief Trixie und stupste mich in die Seite. „Das ist ja der Oberhammer, wie viele gekommen sind!"

„Tja", begann ich und grinste meine Freunde siegessicher an. „Luise ist eben sehr beliebt. Und Ida kennt eine Menge Leute. Jetzt kann Felix Rasner einpacken."

Stolz blickte ich über den Rathausplatz. Etwa 100 oder 150 Leute standen inzwischen dicht gedrängt beieinander.

Einige hatten wie wir Transparente dabei, andere waren mit leeren Händen gekommen.

„Schau mal Einstein! Da!" Ich zeigte zu seinem Vater. „Sogar deine Familie ist da."

Zwischen zwei Grüppchen standen Alberts Vater Attila und seine beiden jüngeren Schwestern Clara und Leyla. Sie wirkten ein bisschen verloren zwischen all den Jugendlichen und blickten sich suchend um.

Einsteins Schwestern hatten das gleiche dichte, schwarze Haar wie er und sein Vater. Und die blauen Augen von Einsteins Mutter.

Als die vierjährige Leyla uns entdeckte, hielt sie aufgeregt ihr Transparent hoch. „Schau' mal Albert", rief sie stolz zu uns rüber. Wir gingen zu ihr.

Leyla hatte einen grünen Baum auf ein riesiges Pappschild gemalt, daneben ein paar gelbe und lila Sommerblumen und Vögel.

„Das hab' ich ganz alleine gemacht", sagte sie stolz.

Einstein tätschelte ihr sanft den Kopf.

„Klasse, Leyla. Ich freue mich sehr, dass du auch gekommen bist."

„Superduper-Ehrensache!", erwiderte sie und streckte ihren Rücken, um sich extragroß zu machen.

„Also, ich muss schon sagen, Albert", lobte Einsteins Vater, „was ihr da auf die Beine gestellt habt ... großartig!" Einstein nestelte nervös mit den Händen an seiner Jacke und rückte seine Brille zurecht. Er schien sich sehr über die anerkennenden Worte seines Vaters zu freuen. Weil er es wohl nicht richtig zeigen wollte, rief er plötzlich:

„Wo bleiben nur die anderen?", und sah sich nervös um.

Mit den anderen meinte er Luise, Mama und Ida. Die drei waren noch zur Druckerei gefahren, um Idas und Einsteins Flyer abzuholen. Wie besprochen, hatten die beiden bereits die Online-Petition gestartet und wollten nun noch etwas Werbung dafür machen.

„Stimmt. Wo bleiben die nur?", wollte ich wissen und trat von einem Bein aufs andere, um mich so ein wenig warm zu halten.

Trixie zuckte nur mit den Achseln.

„Die kommen bestimmt ...", begann Trixie, als Mamas angerosteter Kombi gerade auf den Parkplatz einbog, „... gleich", beendete Einstein ihren Satz und grinste erleichtert.

Als echte Schwedin fuhr Mama natürlich einen VOLVO, auch wenn er nur noch ein rostiges Etwas von Auto war. Sie hing trotzdem sehr an diesem Wagen.

Kaum war der Motor verstummt, sprang Ida aus der hinteren Fahrertür, öffnete den Kofferraum und stopfte etwas in eine Tasche. Mama war inzwischen zur Beifahrertür gelaufen und nahm Luise ein Transparent und einen Weidenkorb ab, damit diese aussteigen konnte.

Mit der Stofftasche über der Schulter rannte Ida durch den strömenden Regen und stellte sich zu uns unters Vordach.

„Puh, was für ein Sauwetter", sagte sie und presste die Tasche an ihren klitschnassen, violetten Parka. Ihre kupferroten Haare hingen in dünnen, schlaffen Strähnen an ihren Schultern herunter.

„Vorsicht!", rief ich und packte Idas Tasche, „sind da die Flyer drin?"

„Oh, nein! Natürlich!" Ida nahm sie sofort runter und stellte sie zwischen ihre Beine.

„Na, hoffentlich hört es bald auf zu regnen. Sonst kriegen wir die Flyer ja gar nicht verteilt." Sie zog einen Stapel gelber Zettel heraus und drückte jedem von uns stolz einen in die Hand.

Ich begann zu lesen:

Hilfe für Luises Baumschule!

Die grüne Lunge der Stadt ist in Gefahr!
Luises Baumschule und ihrem gemütlichen
Café TREE droht der Abriss. Wer wie wir
dieses besondere Fleckchen Erde bewahren
möchte, kann hier online unterzeichnen

Und denkt immer daran:
Naturschutz ist auch Klimaschutz!
Die Klima-Checker

„Wow! Klasse!", lobte ich meine Schwester und Einstein.

„Das ist genial", pflichtete mir auch Trixie bei. „Sogar mit Klima-Checker habt ihr unterschrieben."

„Ja, klar", antwortete Einstein. „Womit denn sonst?" Verschmitzt zwinkerte er uns zu.

Endlich waren auch Mama und Luise da.

„Ich hab' Pfefferminztee und Marmorkuchen mitgebracht. Demonstrieren macht ja schließlich hungrig." Grinsend schaute Luise zu Einstein und deutete mit dem Finger auf die Trinkbecher und Teller im Weidenkorb.

Ich rieb mir meine kalten Hände. „Super. Tee ist jetzt genau das Richtige! Mir fallen bald die Fingerkuppen ab."

Zum Glück ließ der Regen kurz darauf schon wieder nach und wir konnten uns zurück auf den Vorplatz des Rathauses stellen. Wir halfen Luise und Mama dabei, ihr bestimmt drei Meter breites Transparent auszurollen. NATURSCHUTZ IST AUCH KLIMASCHUTZ. RETTET DIE BAUMSCHULE! stand in großen Buchstaben darauf.

Das Rathaus lag zwischen einem Parkhaus und der Fußgängerzone in der Innenstadt. Wer also nach einem Stadtbummel wieder zu seinem Auto wollte, kam direkt bei uns vorbei. Sehr praktisch.

Kurze Zeit später blieben die ersten Fußgänger stehen und beobachteten uns interessiert.

Ida stand auf der Straßenseite, die zur Innenstadt führte und verteilte Flyer. Sie drückte allen Vorübergehenden, ob sie wollten oder nicht, einen gelben Zettel in die Hand.

Als ich zu ihr hinübersah verwickelte sie gerade ein junges Paar in ein Gespräch. Die beiden hielten die Daumen hoch. Ida grinste in meine Richtung.

Dann kam eine Gruppe Jugendlicher vorbei. Etwa zwanzig Mädchen und Jungen in Idas Alter.

Ich erkannte Sophie, Idas beste Freundin. Ida musste alle herbestellt haben.

Sophie kam zu Trixie, Einstein und mir und fragte: „Ihr könnt doch bestimmt etwas lautstarke Unterstützung gebrauchen, oder?!" Sie zwinkerte mir verschwörerisch zu.

„Klar!", antwortete ich und lachte.

„Wenn du magst, kannst du mein Transparent haben", sagte Trixie. „Dann helfe ich Ida beim Verteilen der Flyer."

„Okay", erwiderte Sophie, klemmte sich das Transparent unter den Arm und ging zurück zu ihren Freunden.

Da entdeckte ich auf dem Parkplatz ein altbekanntes Gesicht. Rasner! Interessiert beäugte er unsere Demo. Als er mein Transparent sah, rutschte ihm für einen kurzen Moment die Kinnlade runter. Nervös wanderten seine Augen hin und her. Neben ihm stand ein älterer Glatzkopf mit riesigem Kugelbauch und grüner Trachtenjacke, der ihm etwas ins Ohr flüsterte. Unwirsch schüttelte der Baukönig den Kopf. Der Glatzkopf glotzte ihn verunsichert an.

Auch Luise hatte den Baukönig bemerkt. Sie kam zu uns und wisperte: „Der dicke Kerl da neben Felix Rasner ist Werner Karwinkel." Sie schnaubte empört. „Das ist der Stadtrat, der mir die Baumschule abgekauft hat. Im Namen der Stadtverwaltung."

Wichtigtuerisch hielt der Baukönig jetzt die Arme vor der Brust verschränkt. Doch sein sonst so überhebliches Grinsen schien ihm auf dem Gesicht festgefroren zu sein.

Als er Luise entdeckte, stakste er geradewegs auf sie zu.

„Luise, Luise", säuselte er mit aufgesetztem Lächeln. „So viel Energie hätte ich dir und deinen Freunden ja gar nicht zugetraut."

„Verschwinde", raunte ihm Luise böse zu.

„Ach, Luise." Rasner blickte sie gespielt mitleidig an. „Spar dir doch die Mühe. Du kamst gegen meinen Vater nicht an. Und gegen mich hast du noch weniger eine Chance."

Dann stolzierte er weiter, den Stadtrat im Schlepptau. Dabei stieß er Luise mit dem Ellenbogen gegen den Arm. Und das war pure Absicht!

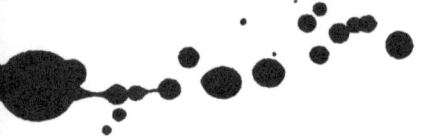

DER WIRD SICH NOCH WUNDERN!

„Wie startet man eigentlich eine Petition?", fragte ich Einstein und meine Schwester, als wir bei uns in der warmen Küche saßen. Von draußen prasselte der Regen gegen die Fensterscheiben. Mama hatte eine Kürbissuppe gekocht, die wir alle gierig in uns hineinschlangen.

Das lange Rumstehen, noch dazu bei der Kälte, hatte uns ganz schön hungrig gemacht.

Einstein nahm seine Brille ab und rieb sich die Augen.

„Na ja, was viele nicht wissen: Jeder kann Unterschriften für oder gegen etwas sammeln – sogar Kinder!", antwortete er.

„Allerdings unterschreibt man bei unserer Petition nicht", mischte sich jetzt Ida ein, „sondern man gibt nur seinen Namen und seine E-Mail-Adresse an."

„Und das war's?", hakte ich nach.

„Jupp." Nach einer Pause fügte Ida hinzu: „Es muss aber nicht unbedingt online, also übers Internet, sein. Wir hätten die Unterschriften auch auf einem einfachen Blatt Papier sammeln können ..."

„Aber das war uns zu umständlich", unterbrach sie Einstein, der wieder etwas munterer geworden war. „Außerdem hätte es Tage oder Wochen gedauert, bis da was zusammenkommen wäre."

„Und so viel Zeit haben wir ja schließlich nicht mehr", gab Ida oberschlau von sich. Manchmal konnte sie eine echte Besserwisserin sein.

Ich nickte kurz und löffelte meine Suppe weiter.

„Was glaubt ihr denn, wie viele Unterschriften wir zusammen bekommen?"

„Also, wenn's gut läuft vielleicht 500. Wenn's sehr gut läuft 2000", antwortete Ida.

Einstein hob jetzt den Zeigefinger und sah mich eindringlich an. „Aber", begann er und schluckte den letzten Löffel Suppe hinunter, „uns bleibt nicht mehr viel Zeit. In drei Tagen ist ja schon die Stadtratssitzung."

„Deshalb", fügte Ida entschlossen hinzu, „müssen wir unbedingt weiter die Werbetrommel rühren. Wir ...", sie zeigte auf Einstein und sich, „posten nochmal auf Insta und Snapchat – und ihr beide könnt ja noch ein paar Flyer in der Stadt auslegen."

Trixie und ich nickten.

„Habt ihr überhaupt schon unterschrieben?", fragte uns Ida.

Wir schüttelten die Köpfe.

Ida stand auf und kam mit Mamas Laptop zurück in die Küche.

„Na, dann wird es aber höchste Zeit."

Am nächsten Tag fuhren wir wieder zu Luise in die Baumschule. Doch was wir da sahen, verwandelte unseren festen Untergrund in ein Erdbeben.

Der Baukönig hatte ein paar Meter vor dem Eingang ein riesiges Schild aufgestellt, auf dem er Werbung für sein neues Einkaufszentrum machte.

HIER ENTSTEHT IN KÜRZE RASNERS SHOPPING-PARADIES. ALLES BIO! ALLES VOM FEINSTEN!

„Also, dieser Typ macht ja wirklich vor gar nichts Halt", rief Einstein bitter. „Wie kann man nur so egoistisch und geldgeil sein!"

„He, Einstein, so ein Wort aus deinem Mund? Was würden deine Eltern dazu sagen?", fragte Trixie schmunzelnd. Einstein wurde von seinem Vater nach alevitischem Glauben erzogen. Anderen

Menschen mit Respekt zu begegnen, war seiner Familie heilig.

Doch Einstein war ausnahmsweise nicht zu Späßen aufgelegt. „Das ist mir scheißegal", entgegnete er. „Solche Menschen machen mich einfach nur wütend."

„Ich kann dich gut verstehen", pflichtete ich meinem Freund bei. „Ich finde das auch total blöd." Ich kickte einen Stein zur Seite. „Aber der wird sich noch wundern."

Dann hakte ich mich bei meinen Freunden ein. „Los, und jetzt gehen wir erstmal zu Luise."

Luise saß in eine Decke gewickelt an einem der Tische auf der Terrasse des Cafés und erwartete uns bereits. Vor ihr standen vier Becher und eine Kanne mit Tee. Es duftete nach Orange und Vanille. „Ah, da seid ihr ja", rief sie uns fröhlich zu. „War doch 'ne schöne Demo, oder?!"

„Ja", sagten wir gleichzeitig und setzten uns. Unsicher schauten wir uns an.

Hatte sie das Schild von Felix Rasner noch gar nicht gesehen?

„Du, Luise", begann ich vorsichtig. „Also der Baukönig, äh … ich meine dieser Rasner, hat schon wieder etwas vor der Baumschule abgestellt."

„Was denn?", fragte Luise. In mir kribbelte und zwickte es überall. Sollte ich es ihr wirklich sagen?

„Also", übernahm schließlich Trixie wieder das Reden. „Er macht auf einem Plakat bereits Werbung für sein Einkaufszentrum."

„Na und", erwiderte Luise. „Soll er ruhig." Ich konnte nicht fassen wie gelassen sie blieb.

„Ich bin mir sicher, dass die Stadträte das niemals zulassen werden. Außerdem sammeln wir bestimmt eine Menge

Unterschriften. Ich habe viele Fans, müsst ihr wissen." Sie zwinkerte verschwörerisch.

„Der Baukönig bestimmt auch", stellte Einstein trocken fest. Luise musterte ihn nachdenklich. Ihr Gesicht war ohne jede Regung, so dass es mir kalt den Rücken runterlief.

„Willst du eigentlich auch was auf der Sitzung sagen?", fragte ich, um Luise abzulenken.

„Mal sehen", antwortete sie, den Blick stur geradeaus gerichtet. Der Gedanke, dass Rasner auch Fans haben könnte, gefiel ihr anscheinend überhaupt nicht.

„Wir sollten die Stadträte unbedingt darüber informieren, wie wichtig die Baumschule für das Ökosystem ist", schlug Einstein vor.

Wie auf ein Zeichen hörten wir plötzlich ein lautes, grelles Lachen! Gefolgt von einem Tok tok tok!

Luise setzte sich aufrecht hin und horchte. Wieder! Tok tok tok!

„Seltsam!", murmelte sie und stand auf. „Das kann doch nicht sein ... das wäre ja viel zu früh." Sie lief auf und ab und murmelte weiter. Uns beachtete sie gar nicht mehr. Immer wieder schaute sie zu den kahlen Apfelbäumen, aus denen das Geräusch kam.

„Äh, Luise", begann ich. „Was ist denn los?"

„Die Grünspechte ...", sie zeigte in die Richtung, aus der das geheimnisvolle Klopfen gekommen war, „sie beginnen jetzt schon mit ihrem Nestbau. Aber das ist ganz schön früh. Ich hätte erst in ein paar Wochen damit gerechnet."

Wieder hörten wir den witzigen Lachgesang: klü-klü-klü-klü-klü-klü-klü-ück.

„Wusstet ihr, dass Vogelforscher den Grünspecht auch den lachenden Specht nennen?", sagte Luise mit einem Schmunzeln im Gesicht.

„Wegen seines lustigen Gezwitschers?", fragte ich.

„Genau – es ist als hätte er die reinste Freude am Leben."

Sie zeigte auf die Bäume um uns herum. „Und gerade die hier braucht er so dringend zum Leben. Hier kann er sich seine Nisthöhlen bauen und seine Babyvögel aufziehen. Hier findet er auch seine Ameisen und Würmer."

Einstein seufzte:

„Ein Jammer, dass Rasner das alles zerstören will."

„Und genau deshalb müssen wir dafür kämpfen, dass das nicht passiert." Trixie sprang auf und stampfte fest auf den Boden. „Luise, das musst du denen auf der Stadtratssitzung übermorgen klarmachen. Wenn sie dem Baukönig die Baumschule verkaufen, dann sind sie die totalen Naturzerstörer."

„Genau!", riefen Einstein und ich.

„Deine Baumschule ist doch so wichtig für das Klima in der Stadt, vor allem im Sommer", betonte Einstein noch einmal.

Wieder ertönte das laute Lachen des Grünspechts – so als würde er Einstein recht geben.

„Stimmt, Kinder. Gerade jetzt, wo doch wegen der milden Winter manche Zugvögel gar nicht mehr wegfliegen."

Luise setzte sich wieder zu uns an den Tisch und schenkte sich Tee nach. „Ehrlich gesagt, macht mir das auch ein bisschen Sorgen. Es könnte jeden Tag ein neuer Kälteeinbruch kommen. Der Wetterdienst hat in den nächsten Tagen wieder eine Kaltfront aus Nordosten gemeldet." Sie nahm einen Schluck Tee aus ihrem Becher.

Ich musste sofort an unseren Überwinterungsgast denken und erstarrte. Hoffentlich würde Greta nichts davon mitkriegen und friedlich in ihrem Igelhotel weiterdösen.

„Na, dann zurück an die Arbeit", schlug Einstein vor, als könnte er meine Gedanken lesen. „Wir müssen dringend noch ein bisschen Werbung für die Petition machen."

Trixie und ich sausten also mit dem Rad durch die Innenstadt und verteilten unsere Flyer. Als letzte Anlaufstelle peilten wir das Rathaus an. Wir wollten ein paar Handzettel im Büro von Trixies Mutter abgeben.

Gerade als ich zum Eingang lief, stieß ich prompt mit einem Mann zusammen.

„Aua", schrie ich und rieb mir den Arm.

„Was ...", begann der Mann. Da sah ich, gegen wen ich in der Eile gelaufen war: Felix Rasner.

„Na, sieh' mal einer an." Mit zusammengekniffenen Lippen schaute er erst zu mir, dann zu Trixie. „Ihr seid doch von Luises Helfertruppe, oder?"

Bedrohlich machte er einen Schritt auf uns zu.

Instinktiv gingen wir einen Schritt zurück.

„Und?", rief Trixie. „Einer muss sich ja wehren, wenn Sie die grüne Lunge unserer Stadt zerstören wollen."

Der Baukönig lachte schallend. „Hahaha, was wisst ihr denn schon. Ihr seid ja noch grün hinter den Ohren." Er schnaubte. „Und habt null Ahnung von der Welt."

„Da seien Sie mal nicht so sicher", rief ich, angesteckt von Trixies Mut, frech zurück. Ich streckte ihm einen der Flyer entgegen. „Wir wissen uns zu wehren. Und es gibt eine Menge Leute, die gegen das neue Einkaufszentrum sind."

Der Baukönig warf einen Blick auf den Zettel. Seine Hand begann zu zittern. Mit einem Mal wurde er kreidebleich im Gesicht.

„A-aber ...", begann er. Grinsend schauten wir ihn an und verschränkten unsere Arme vor der Brust.

„Damit kommt ihr nicht durch", raunte er uns zu. „Das werde ich zu verhindern wissen." Doch das Zittern seiner Hand verriet ihn.

ERST 500 UNTERSCHRIFTEN

In der Nacht wälzte ich mich unruhig hin und her. Ich hatte einen furchtbaren Albtraum. Der Baukönig war zu einem Riesen herangewachsen und stand am Eingang der Baumschule. Er hielt eine gigantische Schaufel in der Hand und lachte dröhnend. Plötzlich senkte er mit Schwung die Schaufel zu Boden und machte die ganze Baumschule damit platt. Ich konnte gerade noch die kleine Greta retten. Dann wachte ich schweißgebadet auf. Ich hatte tierische Kopfschmerzen und meine Nase war geschwollen. Das Atmen fiel mir schwer, weshalb ich mich den Rest der Nacht nur noch unruhig hin und her wälzte.

Am nächsten Morgen schleppte ich mich völlig übermüdet an den Frühstückstisch. Ich hatte mir auf der Demo eine fette Erkältung eingefangen.

„Hatschi, hatschi!", prustete ich in meine Armbeuge hinein.

„Gesundheit, lilla gumman", sagte meine Mutter und sah mich besorgt an. Sie nannte mich gern Schätzchen auf Schwedisch.

„Du siehst müde aus." Sie legte ihren Handrücken an meine Stirn. „Fieber hast du nicht, glaube ich. Zumindest bist du nicht heiß. Aber du siehst fürchterlich aus." Sie lachte. „Entschuldige, wenn ich so ehrlich bin."

Ich lächelte schwach.

„Schon gut. Mir geht's auch fürchterlich."

„Leg' dich wieder ins Bett! Ich rufe in der Schule an und entschuldige dich."

Ich nickte brav und machte mich auf den Weg in mein Zimmer.

„Ach Mama", sagte ich noch, bevor ich aus der Küche ging, „wenn Trixie anrufen sollte, sag ihr bitte, ich rufe zurück!"

Ich schlief vier Stunden durch. Als ich am frühen Nachmittag wieder aufwachte lagen zwei Zettel auf meinem Nachttisch. Der eine war von Mama. BITTE TRIXIE ZURÜCKRUFEN stand darauf.

Den zweiten hatte Ida hingekritzelt. Wahrscheinlich hatte sie es mal wieder super-eilig gehabt. ERST 500 UNTERSCHRIFTEN. DÜSE JETZT NOCHMAL ZU EINSTEIN!

500 Unterzeichner? Das war ja das Minimum von dem, was wir eigentlich erreichen wollten. „Mist", rief ich und sprang aus dem Bett. Ich hatte noch immer Kopfschmerzen und meine verstopfte Nase hatte sich inzwischen zu einem fetten Schnupfen entwickelt. Auch spürte ich einen unangenehmen Druck auf meinen Ohren. Egal. Ich musste sofort zu Trixie.

Sie saß zu Hause in ihrem Zimmer und hörte „Ocean Eyes" von Billie Eilish. Volle Pulle. Das tat sie immer, wenn sie mies drauf war. Die traurige Musik dröhnte so sehr, dass ich mir die Ohren zuhalten musste.

„Alles okay?", brüllte ich so laut ich konnte, als ich in ihr Zimmer trat. Es war in einem hellen Gelbton gestrichen. Über ihrem Bett hing ein Traumfänger mit blauen und rosa Perlen, Vogelfedern und einem Glöckchen. Sie hatte ihn nach der Trennung ihrer Eltern gebastelt. Er sollte gegen miese Gedanken und Albträume helfen.

Trixie saß mit angezogenen Knien auf ihrem Bett und starrte Löcher in die Luft, ihr blaues Kopfkissen fest an sich gedrückt.

Sie drehte sich zu mir um. Ich sah, dass sie Tränen in den Augen hatte. „Nee, nichts ist okay. Mama hat mir gerade eröffnet, dass ihr neuer Lover Ole bei uns einziehen will."

Wutschnaubend sprang sie auf. „Erst die blöde Julia von Papa und jetzt kommt auch noch Mama mit Familienzuwachs an."

„Naja, zumindest ist sie wieder verliebt und hat bessere Laune."

„Pah, ich weiß nicht was schlimmer ist. Ihre schlechte Laune von damals oder das ewige Liebesgesäusel, das ich mir jetzt die ganze Zeit anhören muss."

Ich legte den Arm um meine Freundin. „Warte doch erst mal ab. Wie heißt es so schön: Schau ma moi, na seng mas scho!"

„Hä?", fragte Trixie.

„Damit tröstet mich mein bayerischer Opi immer, wenn ich miese Laune habe. Es heißt so viel wie ‚Abwarten und Tee trinken'."

Ein kleines Lächeln huschte über das Gesicht meiner Freundin.

„Wahrscheinlich hat er recht." Trixie setzte sich zu mir an den Rand ihres Bettes und nahm meine Hand. „Danke Dir!"

Ich puffte sie in die Seite und grinste. „Dafür sind Freunde doch da!"

Sie drückte meine Hand ein wenig fester. „So, und jetzt Themawechsel. Ich wollte ja eigentlich mit dir über die Petition sprechen."

„Ich weiß, ich weiß. Mein Schwesterlein hat mich schon informiert. Wir haben bisher erst 500 Unterschriften."

„Yepp! Das ist viel zu wenig. Hättest du Lust, nochmal vor dem Rathaus ein paar Zettel zu verteilen?"

„Klar", antwortete ich und sprang auf. „Du wirst sehen, das ist eine prima Ablenkung gegen Familienkummer!"

Wir postierten uns direkt vor dem Rathaus. Zumindest regnete es dieses Mal nicht – wenn auch vereinzelt noch ein paar graue Wolken durch den Himmel schwebten.

„Wir sollten versuchen, so viele Fußgänger wie möglich an-
zuquatschen. Wir brauchen mindestens 1000 Unterschriften –
sonst machen wir uns morgen auf der Sitzung lächerlich."

„Stimmt", sagte ich. „Haa...tschi!" Mein blöder Schnupfen war
immer noch nicht besser geworden. Ich zog ein Taschentuch aus
meiner Jackentasche und schnäuzte mich.

Wir hatten Glück! Es war viel los in der Stadt und eine Menge
Leute kamen an uns vorbei. Die meisten waren von unserer
Aktion begeistert und versprachen, sich zu Hause sofort an den
Rechner zu setzen und unsere Petition zu unterschreiben. „Das
ist eine echt tolle Idee, Kinder", sagte ein älterer Mann, der un-
gefähr in Luises Alter war. „Ich kenne Luise schon lange und liebe
ihren Apfelkuchen." Verschmitzt zwinkerte er uns zu.

„Den liebt mein bester Freund auch", erwiderte ich.

„Natürlich helfe ich euch. Und ich hoffe, dass die Stadtverwaltung einen gebührenden Nachfolger für die Baumschule und das
Café findet."

„Danke, das hilft uns sehr", sagte Trixie.

Der Mann sah sich den Flyer etwas genauer an. „Die Klima-
Checker, so so", sagte er. „Seid ihr das?"

„Ja", antworteten Trixie und ich stolz.

„Einer muss sich ja um unsere Erde kümmern", fügte ich
hinzu.

Der Mann streckte den Daumen nach oben. „Das stimmt allerdings. Weiter so!"

Etwa eine Stunde später waren wir fast alle Flyer losgeworden.
Mit zusammengekniffenen Beinen, nervös auf und ab wippend,
flüsterte ich Trixie ins Ohr: „Du, ich muss mal."

„Ich ehrlich gesagt auch", antwortete Trixie. „Drinnen im Rathaus ist ein Besucherklo. Komm mit!"

Sie zog mich am Arm ins Rathaus. Wir liefen die geschwungene Steintreppe hinauf und bogen rechts in einen der Gänge. Das Rathaus war ein altes Gebäude, mit knarzendem Eichenboden und schönen, ovalen Fenstern. Hier und da blitzten aus den uralten Steinwänden Löwenköpfe und Blumenverzierungen hervor.

„Da geht's rein." Trixie drückte die gusseiserne Klinke einer dunkelbraunen Holztür nach unten. Zum Glück gab es genau zwei Kabinen, in die jede von uns hineinhuschen konnte.

Als wir wieder nach draußen in den Flur traten, hörten wir Stimmen aus dem Raum nebenan. Ich packte Trixie am Arm und hielt mir den Zeigefinger vor den Mund.

Eine der Stimmen kam mir bekannt vor. „Jetzt komm schon Werner. Ich verlass' mich auf dich!"

„Das ist der Baukönig", flüsterte Trixie mir ins Ohr. Lautlos schlichen wir an der Wand entlang, bis vor die angelehnte Tür.

„Mensch, Felix, was du da von mir verlangst, ist kein Pappenstiel", hörten wir eine andere Männerstimme sagen. Sie klang heiser krächzend, wie das schlecht geölte Scharnier einer Holztür.

„Ich will dieses Grundstück haben, Werner. Und du besorgst mir gefälligst die Stimmen der anderen Stadträte, sonst ..." Rasner machte eine Pause. „Sonst gehe ich mit meiner Baufirma in eine andere Stadt. Und dann, mein Lieber, hast du ein viel größeres Problem."

„Ja, aber das wäre ja ..."

Ich hielt den Atem an. Werner ... das war doch bestimmt Werner Karwinkel. Der Stadtrat!

„A... aber", hörten wir den glatzköpfigen Werner stottern, „das kannst du der Stadt nicht antun."

Der Baukönig lachte hämisch. „Und ob ich das kann. Und wenn du mir nicht helfen willst, dann erzähle ich dem Bürgermeister, dass du dir letztes Jahr von mir kostenlos deinen Wintergarten hast renovieren lassen."

Totenstille! Keiner der beiden sagte mehr etwas.

Plötzlich spürte ich, wie sich ein Kribbeln in meiner Nase breitmachte. Ich zog die Augenbrauen zusammen – das kitzelnde Gefühl wurde immer stärker. Eine Schrecksekunde lang dachte ich: Bloß nicht!

Doch so sehr ich auch versuchte, nicht zu niesen, irgendwann konnte ich nicht mehr. „Ha... Ha... HATSCHI!", schoss es laut aus mir heraus.

Mist, Mist, Mist!

Schnell zog mich Trixie hinter einen alten Schrank. Gerade noch rechtzeitig. Denn kurz darauf streckte Werner Karwinkel den Kopf zur Tür heraus.

Er trat auf den Flur und schaute sich um. Als er niemanden bemerkte, drehte er sich wieder um und rief in den Raum hinein: „Falscher Alarm!"

Puh, das war knapp!

WENN DIE WÜSSTEN

Der Sitzungssaal im Rathaus war bis auf den letzten Platz besetzt. Wir Klima-Checker saßen zusammen mit Luise, Mama und Ida direkt hinter dem Tisch der versammelten Stadträte. Alle 24 waren gekommen.

„Die Abstimmung scheint ihnen wichtig zu sein", murmelte Mama.

Luise nickte. „Aber wir haben ja unser Ass im Ärmel." Sie tätschelte siegessicher Idas Oberschenkel. Luise spielte auf die 2500 Unterschriften an, die wir bis kurz vor der Sitzung noch hatten einsammeln können.

2500! Wahnsinn! Ida und Einstein hatten auf Instagram und Snapchat nochmal richtig Gas gegeben. Bei so vielen Unterstützern mussten die Stadträte einfach gegen den Verkauf der Baumschule stimmen.

Mama schaute nervös auf ihre Uhr. „In fünf Minuten geht es los."

Schräg vor uns saß der Baukönig und grinste uns triumphierend an. Da er seinen Bebauungsplan für das Einkaufszentrum vorstellen sollte, durfte er am Tisch der Stadträte Platz nehmen.

Dann war es endlich soweit. Der Bürgermeister schlug mit einem Stift leicht gegen sein Wasserglas. Er saß am oberen Ende der U-förmigen Tischreihe. Freundlich blinzelnd schaute er in die Runde. Das muntere Gemurmel im Saal verstummte sofort.

„Ich begrüße die Damen und Herren Stadträte, die Vertreterinnen und Vertreter der Presse sowie die heute anwesenden Gäste ganz herzlich zur Stadtratssitzung und stelle zuerst fest, dass form- und fristgerecht eingeladen wurde." Die Hände des Bürgermeisters lagen jetzt ruhig auf dem Tisch vor ihm.

Links von ihm saß der stellvertretende Bürgermeister, ein großer, drahtiger Mann mit dünnen Spaghettihaaren, aus denen bereits eine kleine Glatze hervorblitzte.

Rechts vom Bürgermeister saß eine Lehrerin aus unserer Schule. Ich kannte sie nicht persönlich, aber Ida hatte mir mal erzählt, dass sie Latein unterrichtete und eine richtige Hexe sein konnte. Die Lehrerin machte ein Gesicht wie drei Tage Regenwetter und rückte ständig ihre runde Nickelbrille zurecht, während sie mit flinken Fingern in ihren Laptop tippte.

„Was schreibt die denn da die ganze Zeit?", fragte ich Mama.

„Das ist die Schriftführerin. Die ist für das Protokoll zuständig."

„Und was ist das?", bohrte ich nach.

„Sie notiert, was den Abend über gesagt und beschlossen wird."

„Ah", machte ich, verstummte aber sofort wieder, als aus der Reihe hinter uns ein „Pscht" kam. Eine ältere Dame schüttelte verärgert ihren Kopf.

Ich zuckte nur mit den Schultern.

„Besteht Einverständnis mit der Ihnen vorliegenden Tagesordnung?", hörte ich den Bürgermeister sagen. Niemand rührte sich. „Ich sehe keinen Widerspruch und stelle demnach die vorliegende Tagesordnung fest. Wir steigen ein mit Punkt Eins: Der Weiterverkauf des Geländes an der Waldstraße an Felix Rasner von Rasner-Bau. Es handelt sich dabei um Luise Blumes Baumschule samt Café TREE."

In der linken Sitzreihe entdeckte ich Werner Karwinkel, der einem jüngeren Stadtrat mit Dreitagebart etwas ins Ohr flüsterte. Er saß weit weg vom Baukönig, den der Bürgermeister jetzt vorstellte. „Außerdem wird Felix Rasner, neuer Chef von Rasner-Bau, seinen Bauplan für das Einkaufszentrum auf selbigem Gelände präsentieren."

Einige der Stadträte und Bürger drehten die Köpfe zu Rasner, der zustimmend nickte und ein dickes Cheflächeln aufsetzte.

„So ein Widerling", zischte Ida.

„Stimmt", gab Luise ihr recht, „wie der schon dasitzt. Als wäre alles längst beschlossene Sache."

Der Baukönig klappte seinen Laptop auf und warf mit dem Beamer eine Präsentation an die weiße Wand vor ihm.

„Vielen Dank, dass Sie mir heute Ihre Zeit schenken", sagte er wichtigtuerisch. Mir wurde kotzübel.

„Seit ich aus dem Ausland zurückgekehrt und in die Firma meines Vaters eingestiegen bin, frage ich mich stets: Wie wollen wir in unserer Stadt leben?" Pause.

„Wenn ich ehrlich bin, wünsche ich mir einen Ort, in dem Moderne und Tradition sich vereinen." Luise rollte mit den Augen. Mama seufzte: „Was für ein Dampfplauderer."

„Deshalb ist es wichtig in die Zukunft unserer Stadt zu investieren. In eine grüne Zukunft!"

Ich verstand nur die Hälfte von dem was Rasner da quatschte. Ich glaube, Trixie und Einstein ging es ähnlich. Rasner redete und redete.

„... und deshalb schwebt mir ein Einkaufszentrum vor, das beides ist: modern und nachhaltig! Ein Einkaufszentrum, in dem es sowohl Bio-Produkte als auch fair produzierte Kleidung zu kaufen gibt."

Er machte wieder eine Pause.

„Bereits als kleiner Junge habe ich zusammen mit meiner Mutter auf Demos gegen die Ausbeutung der Natur demonstriert. Das hat mich sehr geprägt."

Lange Pause.

Ich hörte Luise höhnisch auflachen. Der Baukönig trug ganz schön dick auf.

„Und nun möchte ich der Welt etwas Gutes zurückgeben! In Form eines ökologischen Einkaufszentrums, das die Bewohner des Viertels, der Stadt – ach, der ganzen Region – zum Verweilen einlädt."

Zum Abschluss schlug er mit der Faust auf den Tisch und rief: „Gehen Sie mit mir den grünen Weg in die Zukunft!"

Ich sah besorgt zu Luise. Sie war krebsrot im Gesicht und ihre Augen funkelten wie die eines Leoparden auf der Jagd. Trixie flüsterte mir ins Ohr: „Toller grüner Weg. Wenn er dafür die ganzen Bäume plattmacht. Dieser miese Naturzerstörer!"

An der Wand war nun ein Plan für ein dreigeschossiges Einkaufzentrum zu sehen. Darin waren Geschäfte, Cafés und Restaurants eingezeichnet. Auch der riesige Bio-Supermarkt, der Mama und Karo in den Ruin treiben könnte. Mit mehr Auswahl und billigeren Preise stellte er eine ernst zu nehmende Konkurrenz dar. Sogar an ein paar Sitzbänke und ein Parkhaus hatte der Baukönig gedacht.

„Vielen Dank, Herr Rasner, für Ihre ausführlichen Informationen", sagte der Bürgermeister schnell. Ich hatte ein bisschen das Gefühl, als sei er froh, dass Rasner endlich mit seinem Geschwafel fertig war.

„Ich bitte nun die Mitglieder des Stadtrates darüber abzustimmen, ob die Baumschule an Rasner-Bau weiterverkauft werden soll." Der Bürgermeister blickte in die Runde.

Nervös trommelte ich mit meinen Fingern auf die Armlehne meines Stuhls und schaute zu Trixie. Die drückte ihre beiden Daumen so fest zwischen die restlichen Finger, dass sie rot anliefen.

Gebannt schauten wir zu den Stadträten, die sich gegenseitig zunickten und aufrecht hinsetzten.

„Warum sind wir heute eigentlich hier?", rief da plötzlich Luise. Sie war aufgestanden. Ihre glasklaren, blauen Augen blitzten kampfbereit auf. Mit ihrer Khakihose und dem grünweißen Karohemd sah sie aus wie die Waldkriegerin persönlich.

Der Bürgermeister und die anderen Stadträte drehten sich überrascht um. Felix Rasner wurde für einen Moment blass um die Nasenspitze.

„Es tut mir leid, Frau Blume", antwortete der stellvertretende Bürgermeister kühl, „aber für Fragen aus der Öffentlichkeit gibt es die Bürgerversammlung. Heute sind keine Zwischenfragen erlaubt."

Doch Luise ließ sich nicht beirren. Sie sprach einfach weiter. Ihre sonst so weiche Karamellstimme enthielt jetzt eine ordentliche Portion Pfeffer. „Ich lass' mich nicht mundtot machen. Warum sind wir hier?", brüllte sie jetzt noch lauter. Luise stemmte ihre Hände in die Hüften und schaute jeden der Stadträte durchdringend an.

„Ich habe im guten Glauben meine Baumschule und das Café an die Stadt verkauft, weil ich dachte, dass die Stadt sie in meinem Sinne fortführt. Zumindest hat mir das Werner Karwinkel versprochen."

Sie sah rüber zum Glatzkopf, der schnell ihrem Blick auswich und auf seine Hände starrte.

„Ich wollte, dass mein Lebenswerk weiter bestehen bleibt. Und nun soll einfach alles abgerissen werden, damit manche sich bereichern können?" Jetzt blickte sie finster zu Felix Rasner. Der schaute stur gerade aus und tat so, als wäre Luise unsichtbar.

„Frau Blume, das sind alles Fragen für die Bürgerversammlung." Der Stellvertreter machte ein saures Gesicht. „Wenn Sie sich nicht unter Kontrolle haben, muss ich Sie leider des Saales verweisen!" Getuschel und Gemurmel machte sich im Sitzungssaal breit. Ich hörte den Baukönig hämisch auflachen.

„Ich habe meine Baumschule in gutem Glauben an die Stadt verkauft", wiederholte Luise mit fester Stimme.

Eine junge Frau mit Pferdeschwanz und Ponyfrisur, die in der gleichen Reihe saß wie wir, schrieb eifrig in ihren Notizblock. Neben ihr saß ein dicker Mann mit einer Kamera – die zwei schienen vom Tagesanzeiger zu sein.

„Die Stadt braucht nun mal auch Einnahmen", verteidigte sich nun der Glatzkopf aufgebracht. „Und Felix Rasner hat uns ein gutes Angebot gemacht."

Luise lachte schallend.

„Sie stören mit Ihren Fragen die ganze Sitzung", rief jetzt der Stellvertreter wütend. „Ich bitte Sie, unverzüglich den Saal zu verlassen."

Er gab einem Mann in schwarzem Anzug ein Zeichen. Dieser ging zu Luise und flüsterte ihr ins Ohr: „Kommen Sie bitte mit! Das bringt doch nichts."

„Aber …", rief Mama. Um uns sah ich die entsetzten Gesichter der anderen Besucher.

„Ach, lass nur, Pernilla." Luise nahm in aller Ruhe ihre Tasche. Erhobenen Hauptes schritt sie in Richtung Ausgang.

Der Baukönig gluckste schadenfroh in sich hinein.

„Das gibt's ja nicht!" Empört stand Mama auf und sagte zu uns – laut genug, dass es jeder hören konnte: „Ich geh' mit Luise raus."

Wieder aufgebrachtes Stimmengemurmel. Einige der Zuhörer nickten mit den Köpfen, andere machten ein saures Gesicht. „Pure Geldmacherei", hörten wir zwei Reihen hinter uns eine junge Frau mit Rastazöpfen schimpfen. „Geldschutz statt Klima-schutz", rief ein anderer. Die Pressefrau schrieb immer noch eifrig in ihren Block.

Als Reporterin wäre das für mich auch die Story des Tages. STADTRAT SCHMEISST FRÜHERE BESITZERIN DER BAUMSCHULE AUS DER SITZUNG! – was für eine Gemeinheit!

Irritiert sah sich Felix Rasner um. Vermutlich hatte er nicht damit gerechnet, dass es in der Stadt auch Menschen gab, die gegen sein blödes Einkaufszentrum waren.

„Ich bitte Sie, beruhigen Sie sich", sagte jetzt der Bürger-meister. „Auch wenn wir nicht immer einer Meinung sind, so leben wir doch in einer Demokratie. Und über Angebote von Mit-bürgern muss nun mal demokratisch abgestimmt werden." Ich hörte einige der Zuhörer verächtlich lachen. Ein paar Minuten später ebbte das Gemurmel schließlich ganz ab.

„Da nun wieder etwas Ruhe herrscht, kehre ich zur Beschluss-fassung zurück. Die einfache Stimmenmehrheit entscheidet. Handzeichen genügt."

Aufmunternd nickte der Bürgermeister den Stadträten zu. „Wer stimmt für den Verkauf der Baumschule samt Café an Rasner-Bau?"

Ich hatte nachgerechnet, die Hälfte der Stadträte plus eine Stimme mehr – also 13 Stimmen – würden entscheiden, ob die Baumschule verkauft werden sollte. Ich nahm Trixies Hand und zerquetschte sie fast vor lauter Aufregung.

Ein Stadtrat nach dem anderen hob jetzt die Hand.

Fassungslos zählte ich die Stimmen: 18 Stadträte hatten mit JA gestimmt. Somit war es beschlossene Sache. Die Baumschule war verloren!

ERST DIE BAUMSCHULE UND JETZT DAS!

Und dann kam er doch noch. Der Schnee. Nur zwei Tage nach der schrecklichen Stadtratssitzung.

Nach all der Aufregung um die Baumschule wollte ich erst einmal niemanden mehr sehen. Noch nicht einmal Trixie und Einstein. Ich hatte es mir mit einem Buch auf unserer Couch im Wohnzimmer gemütlich gemacht und steckte mir trübselig einen Schokokeks nach dem anderen in den Mund.

Als ich den Schnee bemerkte, sprang ich sofort auf und lief ans Fenster. Dicke, weiße Flocken wirbelten fröhlich durch die Luft.

„Ida, Paps, kommt schnell her. Das müsst ihr euch ansehen."

In Gedanken sah ich mich schon mit Trixie und Einstein um die Wette rodeln. Gleichzeitig machte ich mir Sorgen um Greta. Würde sie das nasskalte Wetter aushalten?

Endlich standen auch Paps und Ida neben mir und beobachteten den Tanz der Schneeflocken.

„Na, wurde auch Zeit", bemerkte Ida trocken. Sie hatte genauso sehnsüchtig auf Schnee gewartet wie ich.

„Der bleibt doch liegen, oder Paps?", fragte ich vorsichtig.

Über das Gras hatte sich bereits eine leichte Schneedecke gelegt.

"Ich fürchte nein. Noch nicht mal, wenn es jetzt den ganzen Tag durchschneien würde", erwiderte Paps. "Der Boden ist einfach noch viel zu warm."

„Mist!", rief ich enttäuscht und schlug mit der Faust aufs Fensterbrett. „Wann kommt endlich mal der Winter?" Das Schlittenrennen gegen Trixie und Einstein konnte ich vergessen. Dabei wäre es die perfekte Abwechslung gewesen.

Auch Ida schien total gefrustet zu sein. Wutschnaubend verschränkte Ida die Arme vor der Brust und rief: „So eine verdammte Scheiße aber auch! Erst die Baumschule und jetzt das. Mein Ski-Camp kann ich mir in die Haare schmieren!"

„Ida, mäßige deinen Ton", sagte Paps ermahnend.

Ida blitzte ihn aus zwei Augenschlitzen an. Sie sah aus wie eine Katze, die gleich zum Sprung ansetzt. Ihre grünen Pupillen funkelten für einen kurzen Moment sehr gefährlich.

Dann stiegen meiner großen Schwester Tränen in die Augen. Paps legte tröstend den Arm um ihre Schultern und sagte leise: „Sei nicht traurig, Ida-Schatz."

Doch Ida schüttelte trotzig Paps' Hand weg und schrie so laut, dass ich kurz zusammenzuckte.

„Ich will aber Skifahren, verdammt!"

Polternd rannte sie aus dem Wohnzimmer. Wir hörten nur noch, wie sie fluchend ihre Jacke von der Garderobe riss. Ein paar Sekunden später wurde die Haustür mit einem lauten Knall zugeschlagen.

Paps schüttelte den Kopf und atmete einmal tief durch.

„Also, die hat sie ja nicht alle ...", begann ich.

„Magdalena", sagte Paps streng. „Sprich nicht so von deiner Schwester."

„Na, aber mal ehrlich, Paps", rief ich. „Ständig mault sie rum. Nie ist sie mit irgendwas zufrieden."

„Naja, sie hat halt gerade eine schwierige Phase", erklärte Paps.

„Jaja, ich weiß schon. Teenageritis."

Paps lachte. „Von wem hast du das denn?"

„Das sagt Mama immer, wenn sie sich mal wieder mit Ida

gestritten hat." Paps machte ein Gesicht, als würde er verstehen, was Mama meint.

„Ida tut mir ja irgendwie auch leid", fing er an. „Sie hatte sich so auf das Skifahren mit ihrer Klasse gefreut."

Ich nickte. Auf einmal bekam ich ein ganz schlechtes Gewissen, dass ich so streng mit meiner Schwester gewesen war. Bestimmt hatte sie genauso an der verlorenen Baumschule zu knabbern wie ich.

Ich schaute zu Paps. Eine wichtige Frage brannte noch auf meiner Zunge: „Glaubst du, das wird überhaupt noch was mit dem Winter dieses Jahr?"

„Hm, schwer zu sagen. Es kann natürlich sein, dass es im Februar und März nochmal ordentlich kalt wird. Aber wissen kann das jetzt noch keiner."

„Ich kann mich gar nicht mehr erinnern, wann wir den letzten richtigen Schnee hatten", sagte ich geknickt. „Das liegt am Klimawandel, oder?"

„Ich fürchte ja, Zuckerblume." Paps seufzte. „Die neun wärmsten Winter, die wir bisher hatten, gab es erst seit der Jahrtausendwende! Das weist ganz klar auf eine sich rasch entwickelnde Erderwärmung hin."

Ich schluckte. Das hörte sich alles schrecklich an.

„Das ist so zum Kotzen!"

Paps sah mich wegen meiner Wortwahl streng an. Aber mir war das in diesem Moment so was von egal. Als könnte er Gedanken lesen, fügte er hinzu:

„Umso wichtiger, dass wir beginnen, uns mehr für die Natur zu engagieren!"

„Tja, die Stadträte scheint das aber nicht zu interessieren!", murmelte ich und holte mir ebenfalls meine Jacke.

Enttäuscht lief ich hinaus in den Garten. Ich wollte nach Greta sehen. Da entdeckte ich Licht im Schuppen. Neugierig öffnete ich die Tür und ging hinein. Trixie lümmelte auf dem alten Sofa herum und hatte sich eine dicke Decke um die Beine geschlagen. Sie starrte aus einem der kleinen Fenster hinaus und beobachtete die Schneeflocken.

„Na, mal wieder dicke Luft zu Hause?", fragte ich leise.

Erschrocken drehte sie sich um. „Ach, du bist's. Hi!" Sie setzte sich aufrecht hin und lächelte schwach.

„Ja, Ole ist wieder da. Und schmiedet eifrig Pläne mit Mama." Genervt verdrehte sie die Augen. „Der Typ nervt mich so. Danke, dass ich mich hierher verkriechen kann."

„Na klar! Der Schuppen gehört doch allen Klima-Checkern", erwiderte ich. „Ich wollte mal nach Greta sehen. Kommst du mit?"

„Natürlich!", mit einem Mal kam wieder Leben in Trixie. Sie sprang auf und lief mit mir zur Tür hinaus.

Vorsichtig näherten wir uns dem Liguster. Eine angenehme Stille lag in der Luft. Vereinzelt hatten sich weiße, dünne Flecken auf der trockenen Erde gebildet. Leider nur Pulverschnee. Zum Schlittenfahren ungeeignet. Trixie krabbelte langsam vor zum Igelhäuschen.

„Sieht noch alles ruhig aus." Sie lugte durch die kleine Öffnung. „Das Laub und das Heu liegen auch noch vor dem Eingang."

Ich atmete auf.

„Unser Dornröschen hält weiter seinen Schönheitsschlaf."
Trixie stand auf und zwinkerte mir zu.

„Na, ein Glück!"

WAS WILLST DU TUN?

Bereits am nächsten Tag war der Schnee schon wieder geschmolzen. Wie Paps es vorausgesagt hatte.

„Wäre ja auch zu schön gewesen, um wahr zu sein", murmelte ich mit einem tiefen Seufzer, während ich einen Apfel schälte. Mama und ich standen in der Küche und probierten ein neues Rezept aus. Apfelstreuselkuchen vom Blech.

Um uns herum herrschte das pure Chaos. Abgewogene Mehl- und Zuckerhäufchen hier, aufgeschlagene Eierschalen und Butterreste da. Mamas Schürze war über und über mit weißem Mehlstaub bedeckt.

„Sei nicht traurig, lilla gumman", versuchte sie mich zu trösten. „Du kommst noch zu deinem Schlittenrennen." Mama schüttete den Zucker in die Schüssel zu der Butter und stellte das Rührgerät an. Als der Teig schön fluffig und goldgelb war, sagte sie zu mir: „Übrigens, ich hab' noch eine gute Neuigkeit für dich."

„Ja? Welche denn?", fragte ich zurück und versuchte, mit meinem Finger etwas Teig aus der Schüssel zu naschen. Aber Mama stellte die Schüssel zusammen mit dem Rührgerät zur Seite und ging zu unserer Kommode im Flur. Mit dem Tagesanzeiger in der Hand kam sie zurück. Sie zeigte mir die Titelseite.

„Eklat bei Stadtratssitzung – ehemalige Besitzerin der Baumschule wird des Saales verwiesen", stand dick und fett gedruckt darauf. Daneben war ein Foto abgedruckt, auf dem zu sehen war, wie Luise den Rathaussaal verließ.

„Das hatte ich ganz vergessen dir zu zeigen. Ist die Ausgabe von vorgestern." Mama grinste. „Die Journalistin hat alles haarklein berichtet. Auch, wie Luise von Werner Karwinkel hintergangen wurde."

Mein Herz machte wilde Loopings.

„Ist das cool!", rief ich begeistert.

Mama nickte und wischte sich ihre klebrigen Hände an einem Handtuch ab.

„Ja, das finde ich auch. Außerdem haben wir so bestimmt neue Mitstreiter für den Erhalt der Baumschule gefunden. Denn noch ist der Kaufvertrag ja noch nicht unterzeichnet – schreibt zumindest die Journalistin im Tagesanzeiger."

Wir wurden vom Klingeln des Telefons unterbrochen.

„Kannst du bitte rangehen, lilla gumman?", bat mich Mama.

Ich nickte und ging in den Flur. Das schnurlose Telefon lag auf dem weißen Sideboard.

„Hallo?", fragte ich durch die Ohrmuschel.

„Malin, bist du's?", sofort erkannte ich Luises Stimme, die seltsam heiser klang.

„Ihr müsst sofort kommen." Pause.

Dann: „Ist Pernilla auch zu Hause?"

„Ja", antwortete ich. „Aber wir backen gerade Kuchen. Was ist denn passiert?"

„Kommt schnell! Bitte! Felix Rasner hat schon wieder zugeschlagen. Bis gleich", dann legte sie auf.

Atemlos rannte ich zu Mama.

„Komm! Schnell! Luise braucht uns."

„Und der Kuchen?", fragte Mama verwirrt zurück, während ich bereits zur Garderobe lief und meine Jacke holte.

„Der muss warten", rief ich und warf ihr schnell ihre Jacke zu. Bevor ich nach draußen ging, fischte ich mein Handy aus meiner

Hose und tippte eine Nachricht an meine Freunde. SOS! TREFFEN AN DER BAUMSCHULE!

Auf dem Weg zum Auto lief uns Ida über den Weg.

„Warum habt ihr's denn so eilig?", fragte sie neugierig.

„Luise braucht unsere Hilfe. Kommst du mit?", fragte ich zurück. Seitdem uns Ida mit der Petition geholfen hatte, war sie ein fester Bestandteil unserer Unterstützertruppe.

„Logo!", antwortete sie deshalb, ohne lange zu überlegen, und ließ sich auf die Rückbank von Mamas VOLVO fallen.

Fünfzehn Minuten später standen wir versammelt vor dem Eingang der Baumschule.

„Endlich!", rief Luise keuchend und zog mit zitternden Fingern am rotweißen Flatterband, das sich um den gesamten vorderen Bereich der Baumschule erstreckte.

„Da! Schaut!", brüllte sie verzweifelt. „Erst die Bagger und jetzt das!"

„War das der Baukönig?", fragte ich erschrocken.

„Wenn du damit Felix Rasner meinst", antwortete Luise, „dann ja!"

„So ein Mistkerl", entfuhr es Ida. „Der hat es wohl ziemlich eilig mit seiner Baustelle."

Luise nickte nur.

„Aber er hat doch noch gar nichts unterschrieben", sagte Mama.

Luise lächelte schief.

„Tja, aber das interessiert einen Rasner wenig. Wie der Name schon sagt, die Herren Rasner sind immer auf Zack." Sie schüttelte verächtlich den Kopf. „Der Apfel fällt eben nicht weit vom Stamm."

„Und jetzt?", fragte Trixie Luise. „Was willst du tun?"

„Das wollte ich eigentlich euch fragen ...", begann Luise. Dann hielt sie inne.

Mit versteinertem Blick sah sie zur Straße. „Na, schau einer an, wir kriegen Besuch."

Ein Mann auf einem roten Rennrad kam geradewegs auf uns zu. Der Baukönig. Dieses Mal im schicken Sportdress mit eng anliegenden Leggins und rot-schwarzer Thermo-Jacke. Unter dem dünnen Stoff zeichneten sich seine Muskeln ab. Natürlich durften auch schwarze Fahrradhandschuhe nicht fehlen.

„Na, man gönnt sich ja sonst nichts", raunte mir Ida zu. Ich nickte wie in Trance und konnte nicht aufhören Felix Rasner anzustarren. Mit einer langen Bremsspur kam er direkt vor uns zum Stehen.

„Einen wunderschönen Tag allerseits", sagte er übertrieben gut gelaunt. „Gut, dass ich dich hier treffe, Luise. Ich wollte nämlich gerade zu dir."

„Ach, was du nicht sagst", entgegnete Luise knapp. Sie durchbohrte ihn mit einem Blick, der mich schaudern ließ.

Felix Rasner zeigte mit der Hand auf das Absperrband.

„Nun ja, die Stadträte waren in ihrem Beschluss ja eindeutig." Er setzte ein fieses Gewinnerlächeln auf. „Nächste Woche unterschreibe ich den Vertrag." Er machte eine Pause und fügte mit seinem gierigen Grinsen hinzu: „Und dann kann's endlich losgehen!"

Mir drehte sich der Magen um. Nächste Woche schon?

„Eben, erst nächste Woche", mischte sich jetzt Mama ein. „Wozu also die Absperrung?"

Der Baukönig zog fragend die Brauen hoch.

„Ich wüsste nicht, was Sie das angeht."

„Oh, das geht uns sehr wohl was an", brüllte ich. „Wir sind Luises Freunde ..."

„Lass nur, Malin", unterbrach mich Luise. „ich mach das schon." Sie ging einen Schritt auf Felix Rasner zu. Ihre grau-blauen Augen blitzten herausfordernd auf. Automatisch machte der Baukönig einen Schritt zurück und fiel dabei fast über sein eigenes Rad.

„Ho, ho! Nicht so forsch Luise, wir sind doch schließlich alte Freunde."

Luise rümpfte die Nase und sah ihn prüfend an, eine Hand in die Hüften gestemmt.

Der Baukönig sagte gönnerhaft: „Und weil wir so gute Freunde sind, setze ich dich auch nicht sofort vor die Tür."

Bam. Das hatte gesessen. Fassungslos starrte Luise ihn an. Auch wir konnten nicht glauben, was wir da eben gehört hatten.

Da verfiel Luise in lautes, schallendes Gelächter. Sie lachte und lachte. Und wollte gar nicht mehr aufhören.

Verunsichert blickten wir von einem zum anderen. Auch der Baukönig wusste wohl nicht recht, was er davon halten sollte.

Warum lachte sie so? Ganz klar, sie musste vor lauter Kummer verrückt geworden sein.

Dann endlich beruhigte sie sich wieder. Ihre Gesichtszüge wurden abrupt ernst und sie schrie aus Leibeskräften: „Ver-schwinde! Mach' dich vom Acker. Und zwar sofort!"

Das ließ sich der Baukönig natürlich nicht bieten.

„Die Baumschule gehört dir nicht mehr", legte er deshalb nach. „Schon vergessen?"

„Stimmt", brüllte Luise zurück, „aber ich sollte die Baumschule und das Café noch solange weiterführen, bis ein neuer Pächter gefunden wird. Schon vergessen?"

Nach einer kurzen Pause fügte sie hinzu: „Und solange du noch nichts unterschrieben hast, hast du hier gar nichts zu melden. Also, ich sag's jetzt nochmal ganz freundlich. Verschwinde, oder ich rufe die Polizei!" Wütend riss sie das Absperrband runter und schmiss es Felix Rasner vor die Füße.

Mama, die bisher nur mit offenem Mund den Schlagabtausch der beiden beobachtet hatte, fand endlich ihre Sprache wieder und kam Luise zu Hilfe.

„Ich denke, Sie sollten lieber tun, was sie sagt, Herr Rasner. Da Sie Luise ja so gut kennen, müssten Sie wissen, dass man sich besser nicht mit ihr anlegt!" Mama machte ebenfalls einen Schritt auf Rasner zu.

„Hoho... Ist ja schon gut." Der Baukönig hob beschwichtigend seine Hände. „Ich gehe ja schon. Aber ich komme wieder." Er schwang sich geschickt auf sein Rad. „Und eins versprech' ich dir." Rasner drehte sich zu Luise um. „Sobald die Baumschule mir gehört, werfe ich dich vom Grundstück. Und zwar fristlos!" Er schaute ihr direkt und überhaupt nicht mehr nett in die Augen. „Also, am besten fängst du schon mal mit dem Packen an." Er nickte uns kurz zu und schoss dann wie ein roter Blitz davon.

Entsetzt schauten wir ihm nach. „Das glaub ich jetzt nicht", murmelte Trixie und schüttelte immer wieder den Kopf.

„Ja, hätte ich es nicht mit eigenen Augen selbst gesehen ...", begann Mama. Eine Totenstille lag über uns.

Doch dann – völlig unerwartet – rief Einstein in diese Stille:

„Leute, ich hab' eine Idee!" Er streckte einen Finger in die Höhe, als sei ihm ein Licht aufgegangen. „Und dafür brauchen wir deine Mutter, Trixie."

DAS IST WIRKLICH NICHT DIE FEINE ART

„Mama, wir brauchen deine Hilfe", rief Trixie, als wir ins Wohnzimmer stürmten, wo es sich ihre Mutter Tanja gerade vor dem Fernseher gemütlich gemacht hatte. Schnell nahm diese ihre Füße vom Couchtisch und stellte den Ton leise. Ihr feiner, dunkelblauer Rock war nach oben gerutscht und ganz zerknittert vom Liegen. Als ich die weißen Wollsocken mit aufgestickten, braunen Bärchen entdeckte, musste ich leise kichern. So was tragen doch Babys!

„Trixie", antwortete Tanja erschrocken. „Was um alles in der Welt ..." Als sie auch Einstein, Luise und mich im Türrahmen stehen sah, verstummte sie sofort.

Sie stand auf und machte einen Schritt auf uns zu.

„Hallo Luise. Hallo Kinder", sagte sie jetzt etwas freundlicher. „Was führt euch denn hierher?"

„Wir haben leider nicht viel Zeit ...", begann Luise.

„Du musst uns helfen", unterbrach Trixie sie aufgeregt. „Felix Rasner hat damit gedroht, Luise vom Grundstück der Baumschule zu schmeißen."

„Kannst du mit dem Bürgermeister reden? Bitte!" Flehentlich sah ich in Tanjas dunkle Augen. Sie überragte mich nur um wenige Zentimeter.

Nachdenklich fuhr sich Trixies Mutter mit der Hand durch ihre langen, schwarzen Haare. Sie sah aus wie die ältere Schwester von Trixie.

Erwartungsvoll guckten wir Tanja an. Was hatte die Stirnfalte in ihrem Gesicht zu bedeuten? Überlegte sie nur? Oder ärgerte sie sich, dass wir sie hier mit unserer Bitte überrumpelt hatten? Ihr Feierabend war ihr heilig. Das hatte Trixie mir schon öfter erzählt.

Ich sah, wie meine Freundin neben mir nervös die Haare ihres Pferdeschwanzes mit den Fingern zwirbelte. Sie ließ ihre Mutter nicht aus den Augen.

„Hm, das ist allerdings wirklich nicht die feine Art", murmelte Tanja mehr zu sich selbst und legte ihre Hand ans Kinn. Sie hatte rot lackierte Fingernägel. Schick wie immer!

Nach einer kurzen Pause sagte Trixies Mutter schließlich:

„Na gut, ich will mit Klaus ..." Sie räusperte sich. „Ähm, also mit dem Bürgermeister reden. Ich ruf ihn am besten gleich an. Er müsste noch im Rathaus sein."

Tanja ging aus dem Zimmer. Zehn Minuten später kam sie schon wieder zurück und lächelte Luise zu.

„Der Bürgermeister will gerne helfen und lädt Felix Rasner und dich zu einem Gespräch ein. Er hatte ja sowieso gegen den Verkauf gestimmt."

Luise sah sie dankbar an.

Trixie fiel ihrer Mutter stürmisch um den Hals und flüsterte: „Danke Mama."

„Nicht so wild, meine Bluse ...", rief Trixies Mutter aufbrausend. Sofort strich sie sich den Seidenstoff glatt und lächelte entschuldigend in die Runde.

Dann sagte sie zu Luise:

„Der Bürgermeister und ich wissen ja, wie wichtig deine Baumschule für den Naturschutz ist."

„Und für den Tierschutz", fügte ich hinzu. „Denn dort können die Vögel und Eichhörnchen in Ruhe ihre Babys aufziehen." Ich dachte an den lustigen Grünspecht, den wir vor kurzem erst vor Luises Café gehört hatten und spürte wieder dieses Brennen in der Kehle.

„Danke Dir, dass du uns so schnell geholfen hast!", hörte ich Luise sagen.

„Habe ich doch gern gemacht", erwiderte Tanja und lächelte. Auch wenn Trixies Mutter in manchen Dingen sehr streng sein konnte: Wenn man sie brauchte, war immer auf sie Verlass!

„Ich hoffe nur", fügte Luise noch hinzu, „dass der Bürgermeister Felix wieder zur Vernunft bringt!"

Das Gespräch fand einen Tag später im Büro des Bürgermeisters statt. Wir hatten Trixies Mutter so lange bearbeitet, bis sie uns erlaubte, dass wir Luise begleiten durften.

Der Baukönig machte ein ganz schön dummes Gesicht, als er uns drei hinter Luise sitzen sah.

„Hallo Klaus!", begrüßte er den Bürgermeister und schüttelte ihm die Hand. „Luise", sagte er kurz und nickte.

Uns würdigte er keines Blickes.

„Du wolltest mich sprechen?", begann Felix Rasner, nachdem er neben Luise vor dem dicken Schreibtisch des Bürgermeisters Platz genommen hatte. Der Bürgermeister war ein großer, freundlicher Mann mit kleinem Kugelbauch. Die Fältchen und das Blinzeln seiner Augen, wenn er lachte, ließen ihn noch freundlicher aussehen.

„Danke, Felix, dass du es dir so schnell einrichten konntest", begann der Bürgermeister.

„Ist doch Ehrensache", antwortete Rasner und grinste Luise an.

„Also, wie du dir ja bestimmt denken kannst, geht es um die Baumschule. Luise hat mir erzählt, dass du damit gedroht hast, sie vom Gelände zu werfen?"

Rasner lachte ausweichend.

„Das hat sie gesagt?"

Vor lauter Bart war sein Mund kaum zu erkennen. Die eis-
blauen Augen strahlten Kälte aus, obwohl er versuchte, freundlich zu wirken.

„Aber Luischen", säuselte er. „Da hast du mich vollkommen
falsch verstanden." So ein Heuchler! Ich spürte, wie mir heiß vor
Wut wurde.

„Ach ja?" Luise zog eine Augenbraue hoch. „Ich habe Zeugen,
Felix."

Jetzt drehte sich der Baukönig zu uns. „Du meinst aber nicht
die Kinder da."

„He", rief Trixie. „Wir sind die Klima-Checker und keine
Idioten!"

Pikiert schaute Rasner sie an.

„Idioten nicht, aber ganz schön freche Gören."

„Lass die Kinder in Frieden!", fuhr ihn Luise an. „Du weißt
genau, dass ich recht habe. Aber du kannst mich nicht so einfach
vom Gelände entfernen. Ich habe schließlich eine Kündigungsfrist."

„Das stimmt", mischte sich jetzt wieder der Bürgermeister
ein. „Luise hat mit uns einen Vertrag als Übergangspächterin
abgeschlossen, bis wir...", er räusperte sich. „... naja, eigentlich
wollten wir das Gelände samt Café an einen anderen Pächter
weitervermieten."

„Tja", sagte der Baukönig jetzt mit fettem Grinsen im Gesicht.
„Aber deine Stadträte, Klaus, sind zum Glück etwas moderner
und zukunftsorientierter eingestellt." Der Bürgermeister zog
die Brauen nach oben und fixierte Rasner mit strengem Blick.
Schnell schaute dieser auf seine schwarz glänzenden Schuhe.

Luise blähte ihre Backen auf. „Pah, zukunftsorientierter, dass ich nicht lache."

Ich hörte Einstein neben mir mit seinen Schuhen auf den Marmorboden tippeln. Sein Körper zuckte nervös. Immer wieder hob er den Arm, ließ ihn dann aber doch wieder sinken. Schließlich rief er mit lauter Stimme in den Raum hinein: „Also, entschuldigen Sie bitte, wenn ich mich hier jetzt einmische. Aber die Ausbeutung der Erde und die Gier nach immer mehr Geld sind alles andere als zukunftsorientiert." Einstein sprach das letzte Wort betont langsam aus.

„Genau", sprang ich meinem Freund zur Seite. „Man könnte sogar sagen, das ist ganz schön rückständig."

„Und altmodisch", fügte Trixie spöttisch hinzu.

„Ach, was wisst ihr Rotzgören denn schon …", entfuhr es Felix Rasner. Aha! Jetzt zeigte dieser Mistkerl endlich mal sein wahres Gesicht!

„Felix, Vorsicht!", mahnte nun auch der Bürgermeister. „Wie dem auch sei. Du kannst Luise nicht so einfach vom Gelände werfen. Selbst wenn du irgendwann der Eigentümer bist. Sie hat eine Kündigungsfrist von vier Wochen! Und diese bitte ich dich auch einzuhalten."

„War das alles?", fragte Rasner jetzt beleidigt. Ich konnte ihm ansehen, dass er Mühe hatte, sich zu beherrschen. Wahrscheinlich war er es nicht gewohnt Widerworte zu hören. „Denn ich habe noch wichtige Geschäfte zu erledigen, anstatt hier meine Zeit zu vertrödeln."

Er stand mit einem heftigen Ruck auf. Sein Stuhl kippelte gefährlich. Blitzschnell schoss Felix Rasners Hand vor und hielt den Stuhl fest. Jetzt stand er wieder so still wie vorher. Bevor der Baukönig sich zum Gehen wenden konnte, sagte der Bürgermeister: „Nein Felix, eine Sache noch. Unterlass es bitte in Zukunft irgendwelche Bagger, Absperrbänder oder sonstiges vor der Baumschule abzustellen."

Eiskalten Blickes schaute der Baukönig uns an. Dann dampfte er ohne ein weiteres Wort ab. Seine schicken Halbschuhe klackerten hell auf den Marmorfliesen. Er riss die alte Holztür auf und ließ sie mit einem Rumms zufallen.

Oje, das roch nach Ärger!

ICH GLAUB', ICH SPINNE!

„Wir müssen etwas unternehmen", sagte Trixie mit fester Stimme. „Und zwar bevor der Baukönig diesen doofen Kaufvertrag unterschreibt!" Wir saßen bei strahlendem Sonnenschein auf zwei Klappstühlen vor dem Schuppen. Das Außenthermometer zeigte schon wieder 15 Grad. Von wegen ordentlicher Winter!

Ich nahm einen Schluck Apfelschorle aus meinem Becher und starrte nachdenklich vor mich hin. Trixie hatte recht. Wir konnten nicht tatenlos dabei zusehen, wie der Baukönig die grüne Lunge unserer Stadt aus purer Geldgier zerstörte. Wir mussten ihn aus der Reserve locken. Nur wie?

„Hallo, Erde an Malin, hörst du mich?" Aus der Ferne hörte ich Trixies Stimme, die mit einer Hand vor meinen Augen herumwedelte.

Erschrocken drehte ich mich um. „Hm? Was?"

„Ich habe dich gerade gefragt, ob du vielleicht eine Idee hast?"

„Ich weiß nicht ...", begann ich.

Da unterbrach uns ein raschelndes Geräusch.

„Ich glaub', ich spinne!", entfuhr es meiner Freundin.

Nur ein paar Meter vor uns sahen wir unseren Überwinterungsgast durch das Gehölz tapsen.

„Greta!", riefen wir atemlos.

Ich lief zum Igelhotel. Tatsächlich. Das Laub und das Heu lagen wild verstreut vor dem Eingang.

Sie war wieder aufgewacht!

„Klar, es ist wieder wärmer geworden ...", begann ich und fächerte mir Luft zu.

„Fast wie im Frühling", ergänzte Trixie besorgt, „ich guck' mal, ob sie fit ist." Sie legte sich flach auf die Erde und robbte nahezu lautlos an Greta heran.

Doch die kugelte sich sofort ein und lag jetzt reglos als dunkler Stachelball unter dem Liguster.

„Mist", wisperte ich.

„Was machen wir denn jetzt", fragte mich Trixie besorgt. „Sie muss wieder zurück in ihr Igelhotel." Ich sah, wie meiner Freundin Tränen in die Augen stiegen. „Sonst verhungert sie!"

Trixie hatte recht. Auch mir war mit einem Mal zum Heulen zumute. Wenn wir sie nicht wieder zurück in ihr Häuschen bekamen, wäre alles umsonst gewesen.

Niedergeschlagen setzte ich mich auf den Boden und zog die Beine ran.

Ach, alles war irgendwie so verkorkst! Das viel zu warme Wetter. Greta, die ständig aufwachte. Und jetzt auch noch die verpatzte Rettung der Baumschule.

Nichts, aber auch gar nichts lief wie es sollte!

Trixie ließ sich neben mir zu Boden sinken. Ich weiß nicht, wie lange wir so dasaßen. Mit hängenden Köpfen und enttäuschten Gesichtern. Greta nicht aus den Augen lassend.

Plötzlich hörten wir Schritte hinter uns. Und eine uns wohlbekannte Stimme.

„He, ihr zwei. Was ist denn mit euch los?" Einstein!

Ich stand auf und zog Trixie an der Hand nach oben. Zeitgleich packte ich Einstein am Arm und zeigte mit einem Finger auf die Igelkugel. Ich holte das Trockenfutter und legte eine Spur von Greta bis zum Igelhotel.

„Kommt, wir beobachten sie durch das Schuppenfenster!",
raunte ich meinen Freunden zu, „dann glaubt sie, dass keine Gefahr mehr besteht und folgt hoffentlich der Futterspur."

Im Schuppen stellten wir uns an eines der Fenster. Von dort
konnten wir alles perfekt beobachten. Würde Greta loslaufen?

„Da rührt sich ja gar nichts", jammerte Trixie nach einer Weile.

„Ja, Nullkommagarnichts!", sagte ich niedergeschlagen.

„Geduld", antwortete Einstein ruhig. „Ihr braucht einfach
mehr Geduld. Das wird schon."

Er sollte recht behalten. Ein paar Minuten später löste
sich Greta endlich aus ihrer Kugelposition und entdeckte das
Katzenfutter.

Nachdem sie sich gemächlich durch die Futterspur gefressen hatte, verschwand sie wieder im Igelhotel.

Sofort waren wir zur Stelle und verbarrikadierten den Eingang mit neuem Laub und kleinen Zweigen.

„So", sagte Einstein und klopfte sich die trockene Erde von seiner Jeans, „das wär's erst mal."

„Puh, ist ja nochmal gut gegangen", bemerkte Trixie und ließ sich erleichtert in einen Klappstuhl fallen.

„Was ist nochmal gut gegangen?" Mama stand am Schuppen. Wir hatten sie vor lauter Sorge um Greta gar nicht kommen hören. Sie setzte sich in einen der Klappstühle neben Trixie.

„Greta ist aufgewacht", sagte ich, „aber zum Glück wieder in ihrem Unterschlupf verschwunden."

Mama lächelte schwach.

„Das freut mich."

Sie versuchte fröhlich zu klingen, aber ich spürte sofort, dass irgendetwas nicht mit ihr stimmte.

„Alles okay mit dir?"

„Naja, nicht wirklich, um ehrlich zu sein."

„Was ist denn los?"

„Ich habe heute mit Stefanie von der Bäckerei gesprochen." Mama machte ein besorgtes Gesicht. „Sie hat mir erzählt, dass einige Ladenbesitzer in der Stadt sich ernsthafte Sorgen um ihre Geschäfte machen, wenn das neue Einkaufszentrum tatsächlich gebaut werden sollte." Sie seufzte und schob mit ihrem Schuh etwas alte Erde unter ihren Stuhl. „Starke Konkurrenz verdirbt eben das Geschäft. Und das macht mir, das macht uns allen große Sorgen." Sie sah uns der Reihe nach an. „Unser kleiner

Bioladen kommt gegen einen großen Bio-Supermarkt nicht an!"

„Aber Mama", versuchte ich sie zu trösten. „Deine Stammkunden werden dir auch weiterhin treu bleiben."

Mama verzog den Mund zu einem kleinen Lächeln.

„Ach, lilla gumman, so viele sind das auch wieder nicht."

Ich nickte mutlos und trommelte gegen die Tür des Schuppens. Der Bioladen von Mama und Karo war der Erste in der Stadt gewesen. Wenn nun ein großer Bio-Supermarkt gebaut würde, hätten die beiden echt ein Problem.

„Dem Baukönig scheint dieses Einkaufszentrum total wichtig zu sein", überlegte ich laut. „Weißt du noch Trixie, wir haben doch gesehen, wie er vor der Stadtratssitzung mit diesem glatzköpfigen Werner Karwinkel unter vier Augen gesprochen hat."

Trixie scharrte mit der Spitze ihrer rosa Chucks am Boden herum und überlegte.

„Stimmt", rief sie endlich. „Die haben damals so geheimnisvoll getan. Und fast hätten sie uns beim Lauschen erwischt, weil du geniest hast." Sie kicherte.

Ich erzählte Mama und Einstein was wir vor einigen Tagen mitgehört hatten.

Mama hörte uns aufmerksam zu. Bei jedem Satz lief ihr Gesicht ein wenig röter an. Als ich fertig war, stand sie von ihrem Stuhl auf und lief hektisch auf und ab. Dabei murmelte sie:

„War ja klar!",und: „So ein Schuft!"

„Mama?", fragte ich kleinlaut. „Was hast du denn?"

Mama holte nochmal tief Luft bevor sie rief: „Euer Baukönig hat den Stadtrat erpresst!"

Bam! Das saß.

„Echt erpresst?", hakte ich vorsichtig nach.

„Ja", antwortete Mama. „Schade, dass ihr uns das nicht früher erzählt habt."

Einstein sah uns mit breitem Grinsen an.

„Na, dieses Mal nix gecheckt, was?!"

„He!" Trixie rubbelte ihm über den Kopf.

Ich schnitt Einstein genervt eine Grimasse. „Ja, ja ... nix gecheckt!"

„Aber mit was hat er den Stadtrat erpresst?", fragte Trixie.

„Na, indem er gedroht hat, dass er allen davon erzählt, wie er Stadtrat Karwinkel umsonst den Wintergarten umgebaut hat", klärte uns Mama geduldig auf. „So etwas darf ein Stadtrat nicht. Er darf keine Geschenke von Firmen annehmen. Kein Politiker darf das!"

Trixie und ich nickten beschämt. Wir hatten keinen blassen Schimmer gehabt.

„Weil er sonst bestechlich ist", fügte Einstein hinzu.

Und Mama sagte noch: „Wie wir ja jetzt gesehen haben."

Plötzlich wurde mir alles klar! Ich sah Trixie an, sie sah mich an. Wie konnten wir nur so naiv sein! Hätten wir das alles gleich gewusst ... Ich wollte gar nicht weiterdenken. Vielleicht hätten wir dann den Beschluss der Stadträte verhindern können?

„Und der Grund, weshalb schließlich so viele der Stadträte für den Verkauf an Felix Rasner gestimmt haben", schob Mama ärgerlich nach, „ist mir jetzt auch klar. Wenn Rasner mit seiner Baufirma wegzieht, würde das die Stadt viele Arbeitsplätze und Steuern kosten. Da würde sie eine Menge Geld verlieren."

Ich konnte immer noch nicht fassen, was für ein gemeiner Kerl dieser Rasner doch war.

„Mist, Mama, glaubst du, wir hätten den Verkauf verhindern können, wenn wir dem Bürgermeister von dem Gespräch erzählt hätten?"

„Vermutlich nicht", beruhigte uns Mama.

„Euch hätte keiner ernst genommen", gab Einstein ihr recht. „So wie ich den Baukönig einschätze, hätte er nur alles abgestritten. Dann stünde Aussage gegen Aussage."

Mama nickte.

„Aber jetzt ist es ja leider sowieso zu spät. Die Stadträte haben entschieden!" Sie schaute auf ihre Uhr und seufzte. „Ich mach dann mal Abendessen", sagte sie traurig und ging ins Haus. Sie tat mir total leid. Ich spürte, dass sie sich große Sorgen machte.

Fieberhaft überlegte ich, wie wir Felix Rasner dazu bringen könnten, dass er die Erpressung zugab.

Und dann kam mir DIE Idee. Ein minikleines Lächeln huschte über mein Gesicht.

„Wir brauchen einen Lockvogel, Freunde. Und ich weiß auch schon, wen wir fragen."

LÄUFT JA WIE GESCHMIERT

„Ja hallo?", hörten wir den Baukönig am anderen Ende der Leitung fragen. Ich hatte mein Handy auf laut gestellt.

„Hallo, mein Name ist Ida Burgweg. Ich schreibe für die Schülerzeitung des Städtischen Gymnasiums und würde Sie gerne für einen Artikel interviewen."

„Aha", fragte der Baukönig interessiert zurück. „Und worüber genau möchtest du schreiben?"

„Na, über Sie und das geplante Bauprojekt im Waldviertel. Wir finden es total cool, dass Sie ein Einkaufszentrum bauen wollen. Endlich ist mal was los ..." Ida machte eine kurze Pause. Lachend fügte sie hinzu: „Ha, ha ... außerdem hoffen wir natürlich, dass auch ein paar coole Klamottengeschäfte in unsere Stadt kommen, und wir dann nicht immer nach München zum Shoppen fahren müssen."

Wow, sie war eine klasse Schauspielerin! Ich war total stolz auf meine große Schwester.

Mit leuchtenden Augen schaute Ida zu mir und den anderen Klima-Checkern. Ob Rasner unseren Köder schlucken würde?

Als wir Ida gefragt hatten, ob sie unser Lockvogel sein wollte, musste sie nicht lange überlegen.

„Na klar. So einem Scheusal müssen wir das Handwerk legen."

Der Baukönig hatte sie erst einmal kurz gesehen und würde somit keinen Verdacht schöpfen.

Getarnt als Reporterin der Schülerzeitung sollte sich Ida mit Rasner auf dem Gelände der Baumschule treffen und so tun, als würde sie ihn interviewen.

„Und dann ...", Ida machte ein geheimnisvolles Gesicht, „..., wenn er gar nicht damit rechnet ...,", sie schlug sich mit der Faust in die flache Hand, „spreche ich ihn ganz direkt auf sein Gespräch mit Werner Karwinkel an."

„Genial", lobte Einstein sie. Seitdem die beiden gemeinsam an der Petition gefeilt hatten, waren sie ein richtig eingespieltes Team geworden.

Unser Part als Klima-Checker war es, gut versteckt hinter einem der Bäume alles mitzufilmen.

„Fehlt nur noch das i-Tüpfelchen", sagte ich. „Die Zeugin!"

„Es muss aber eine Erwachsene sein", fügte Trixie hinzu.

Wir schauten alle zu Mama.

„Es wird mir eine Ehre sein", sagte diese und setzte dabei ihr fiesestes Gaunergrinsen auf.

„Wann willst du das Interview denn machen?", fragte der Baukönig jetzt durchs Telefon.

„Am besten, so schnell es geht."

„So schnell es geht. Hm." Wir hörten es im Hintergrund rascheln. „Du hast Glück, mir wurde heute ein Termin abgesagt. Hättest du auch in einer Stunde Zeit?"

Unschlüssig schaute Ida zu uns. Eine Stunde war eine Ansage, aber machbar. Ich hielt meinen Daumen hoch.

„Klaro", antwortete Ida locker.

„Gut", sagte der Baukönig. „Dann bis gleich."

Einstein rieb sich lachend die Hände.

„Das läuft ja wie geschmiert. Und jetzt ab zur Baumschule, wir brauchen noch ein gutes Plätzchen, um uns zu verstecken."

Das Gelände der Baumschule war riesig. Doch wir kannten uns inzwischen gut aus und hatten bald einen perfekten Platz gefunden.

Ein paar Meter vom Café entfernt stand eine Reihe alter Eichen und Buchen, umringt von wilden Hecken.

Es war Luises Lieblingsplatz. Deshalb stand dort auch, genau zwischen zwei Eichen, eine kleine Holzbank. Ein Verehrer hatte sie ihr gebaut und ihren Namen hineingeritzt. LUISE. In wunderschön geschwungener Schrift.

„Dieser Platz ist perfekt", sagte ich zu Ida. „Hier kannst du dich mit Rasner hinsetzen. Wir verstecken uns hinter einer der Eichen und filmen alles mit Trixies neuem Smartphone." Ich deutete auf einen der Bäume, dessen Stamm so breit war, dass Trixie, Einstein und ich uns an den Händen hätten fassen müssen, um ihn umarmen zu können.

Dann schaute ich zu Mama, die wir spontan aus dem Bio-Laden abgeholt hatten. Zum Glück hatte Karo ihre Schicht übernommen.

„Mama, und du versteckst dich da drüben. Du brauchst ja eigentlich nur alles zu belauschen und später bei der Polizei zu bezeugen."

„Aye aye, Käpt'n!", antwortete sie und legte zackig die Kante ihrer Hand zum Gruß an die Stirn.

Wir wollten gerade nochmal los und den Selfie-Stick holen, als Trixie mich am Ärmel zog.

„Schau mal Malin, unser kleiner Kobold ist wieder da. Das Eichhörnchen. Ich habe es an seinem weißen Fleck am Hals sofort erkannt."

In Sekundenschnelle kletterte der kleine Kerl den Baum hinauf, um ihn dann genauso schnell wieder hinunterzuflitzen.

„Der ist ja so niedlich!", sagte Trixie ganz verzaubert. Und fügte noch schnell hinzu: „Mindestens so niedlich wie unsere Greta."

„Irgendwie hat jedes Tier seinen Platz und seine Aufgabe im großen Kreis des Ökosystems", überlegte ich laut.

„Das hätte ich nicht schöner formulieren können", erwiderte Einstein lächelnd. „Deshalb ist die Baumschule ja auch so wichtig. Vor allem, wenn immer mehr Ackerfelder und Wiesen für Wohnhäuser plattgemacht werden."

„Oder für irgendwelche sinnlosen Einkaufszentren", ergänzte Trixie düster.

„Das ist es ja eben", rief ich enttäuscht. „Manchmal habe ich das Gefühl, dass die Menschen vor lauter Konsum und Geldgier vergessen haben, wie wichtig die Natur und die Tiere sind."

Ich schaute wieder zur Eiche hinüber, wo das Eichhörnchen hinter einem der Äste kauerte.

Einstein war währenddessen weiter ins Gebüsch gegangen.

Ein paar Minuten später kam er mit einem Siegerlächeln zu uns zurück, einen riesigen, dicken Ast hinter sich her schleifend.

„Der ist perfekt! Den nehmen wir auch noch mit. Als zusätzliche Tarnung!"

Ich schaute meine Freunde an. Überwältigt von diesem unheimlich starken Gefühl, das man nur bei seinen besten Freunden hat. Gemeinsam würden wir es schaffen, den Baukönig aufzuhalten.

Wir mussten es schaffen! Das waren wir dem Eichhörnchen, dem Grünspecht und auch uns einfach schuldig!

DANN LEGEN WIR MAL LOS

„Gut so?" Der Baukönig drehte seinen Oberkörper und schaute zu Ida, die durch die Linse ihrer Handykamera lugte. Großes Gewinnerlächeln. Klick!

„Die Denkerpose hätte ich auch noch drauf", rief er eifrig, lehnte sich an eine der Eichen und legte mit ernstem Gesichtsausdruck Daumen und Zeigefinger an seinen Vollbart. Ich hielt die Luft an und hoffte inständig, dass er uns nicht entdecken würde.

Zusammen mit Trixie und Einstein stand ich nur wenige Zentimeter hinter ihm, fest an die Rückseite des Baumstamms gedrückt.

Geistesgegenwärtig rief Ida auch sofort:

„Oh .... ähm, also, wie wären noch ein paar Porträts im Sitzen?"

Sie lotste Rasner zu Luises Bank.

„Hier vielleicht?"

Das war nah genug, dass wir noch alles gut hören und filmen konnten.

Der Baukönig folgte ihr brav. Als er jedoch den eingeritzten LUISE-Schriftzug entdeckte, brummte er:

„Den will ich aber nicht drauf haben!"

Vorsichtig setzte er sich auf die Bank und verdeckte Luises Namen. Er strich seinen schwarzen Wollmantel und die dunkelgraue Anzugshose glatt. Für das Foto hatte er sich extra schick gemacht.

„Geht klar", antwortete Ida und klemmte sich ihre langen, roten Haare hinters Ohr.

Trixie, Einstein und ich blieben weiter hinter der dicken Eiche in Deckung. Bald würde Ida mit ihrem Interview beginnen und dann war Trixie gefragt.

Meine Freundin hielt den langen Stick, an dem wir das Handy befestigt hatten, bereits in der Hand. Damit wollte sie so nah wie möglich an Rasner und Ida herankommen.

Einstein drückte ihr zusätzlich seinen Ast vors Gesicht.

„Was machst du denn da?", zischte Trixie und schob genervt den Ast zur Seite.

„He", wisperte ich jetzt meinen Freunden ins Ohr und stellte mich auf die Zehenspitzen. „Ich seh' ja gar nix."

Dabei stützte ich mich an den Schultern von Einstein ab, was ihn wiederum total erschrocken zusammenzucken ließ.

Ich verlor das Gleichgewicht, kippte nach vorne und brachte Einstein gefährlich ins Wanken.

„Woah ...", quiekte der leise und hätte beinahe Trixie mit sich gerissen.

„He ...", fauchte sie, konnte sich aber gerade noch fangen.

Das vertrocknete Laub raschelte so laut, dass sich der Baukönig verwundert in unsere Richtung umdrehte.

Schnell pressten wir uns wieder hinter den Baumstamm. Ich kniff die Augen zusammen und wünschte mir, unsichtbar zu sein.

„Zu mir schauen, Herr Rasner", hörte ich Ida sagen. „Gleich haben wir es. Nur noch ein Foto."

Puh – Glück gehabt! Rasner hatte nix gecheckt.

Verwundert zeigte er zu unserer Eiche.

„Ich hätte schwören können, dass da jemand war." Dann schüttelte er lachend über sich selbst den Kopf. „Haha, vielleicht höre ich ja schon Gespenster."

„Das glaube ich allerdings auch", antwortete Ida grinsend.

Als sich Rasner für einen Moment von ihr abwandte, zeigte sie uns wütend den Vogel.

Einstein und Trixie verpassten mir einen Seitenhieb und verdrehten die Augen.

„Sorry", murmelte ich leise. Mist, Mist, Mist! Fast hätte ich alles vermasselt.

Dann fiel mir Mama wieder ein. Sie saß ja noch immer zusammengekauert hinter dem Brombeerbusch. Die Arme!

Der Baukönig hatte sich inzwischen auf der Holzbank breitgemacht. Mit übereinandergeschlagenen Beinen, beide Arme auf der Lehne ausgebreitet, thronte er auf der Bank und überblickte zufrieden das üppige Grün, das er schon bald platt walzen wollte.

Ida quetschte sich ans Ende der Bank. In ihrer dunkelgrünen Daunenjacke, die ihre Haare feurig aufleuchten ließ, kramte sie nach einem Stift.

„Eigentlich ja schade, dass wir bald alles abreißen müssen", sagte Rasner süffisant. „Ein herrliches Fleckchen Erde."

Wichtigtuerisch lehnte er sich zurück und beobachtete eine schwarze Amsel, die mit einem Regenwurm im Schnabel dicht an ihm vorbeiflog.

„Wenn Sie möchten, können wir jetzt mit dem Interview beginnen ...", begann Ida und schaute ihm auffordernd in die Augen.

„Nur zu", unterbrach sie Rasner. „Ich bin bereit."

Ida ließ ihren Stift auf den Schreibblock sinken und sagte laut und deutlich. „Dann legen wir mal los!"

Das war unser Code! Das Signal, dass es nun losgehen würde.

DAS SPIEL IST AUS!

Sofort startete Trixie die Videoaufnahme auf ihrem Handy und streckte den schwarzen Selfie-Stick nach vorne aus, gut geschützt von der Eiche und Einsteins Ast.

Der Baukönig kriegte immer noch nichts mit. Wie auch. Er war zu sehr damit beschäftigt, Ida zu beeindrucken und sich selbst reden zu hören!

„Warum wollen Sie denn das Einkaufszentrum eigentlich bauen?" Ida machte eine kleine Pause. „Also verstehen Sie mich nicht falsch. Ich find's ja super. Aber die Baumschule ist ja eigentlich auch sehr schön."

„Ja, ja, ich weiß …", erwiderte Rasner prompt. „Du hast bestimmt von Luise Blumes Demo und ihrer Petition gehört." Er lachte fies. „Aber sie ist ja mit beidem gescheitert."

Hoppla. Schnell schaute ich zu meiner großen Schwester. Das würde die bestimmt nicht so einfach auf sich sitzen lassen. Schließlich hatte Ida viel Arbeit in die Petition gesteckt.

Tatsächlich! Sie hatte wirklich Mühe freundlich zu bleiben. Für eine kurze Sekunde hatte ich echt Angst, dass sie ihm ins Gesicht springen würde, stattdessen knurrte sie: „Na ja, 2500 Unterzeichner sind eine Menge für eine Kleinstadt. Oder etwa nicht?" Ärgerlich klapperte sie mit dem Stift auf ihren Notizblock.

Kurz darauf hatte sie sich jedoch wieder im Griff und schlüpfte zurück in die Rolle der Reporterin.

„Sie haben natürlich recht", sagte sie schon etwas versöhnlicher, „viel gebracht hat es lei…, äh also ich meine, natürlich nicht." Mit gespielter Bewunderung guckte sie ihn an und flötete: „Wie haben Sie das bloß geschafft?"

Rasner lehnte sich noch etwas weiter zurück, blickte hinauf in die Baumkronen und antwortete ausweichend:

„Ich kann verstehen, was die Leute an Luises Baumschule und Café lieben. Nicht nur den guten Kuchen." Er lachte gekünstelt. Dann blickte er Ida ernst an. „Du wirst es vielleicht nicht glauben, aber als Kind habe ich viele Stunden hier verbracht. Hier habe ich Eichhörnchen gefüttert und nach Regenwürmern gesucht." Er seufzte.

„Und warum führen Sie die Baumschule dann nicht einfach weiter?", fragte Ida.

Genau! Warum denn nicht? Meine Schwester war genial.

Der Baukönig winkte ab.

„Sei mir nicht böse. Aber leider geht es im Leben nicht nur um schöne Erinnerungen." Er richtete sich auf und erwiderte heiser. „Von irgendetwas muss man ja schließlich leben."

„Naja, aber Luise konnte ja eigentlich ganz gut davon leben." Der Baukönig glotzte Ida erstaunt an. „Also, wenn ich es nicht besser wüsste, würde ich fast glauben, du gehörst zu Luises Helfertruppe."

„Natürlich nicht", widersprach Ida schnell. „Ich mein ja bloß. Eigentlich ist es doch sehr schön hier." Nach einer kleinen Pause fügte sie hinzu: „Und was soll nur aus den ganzen Tieren werden, die hier leben?"

Wie auf Kommando hallte auf einmal das glucksende Lachen des Grünspechts durch die Luft. Klü-klü-klü-klü-klü-klü-klü-üück!

Trixie und ich glucksten leise.

Sofort legte Einstein den Finger an den Mund.

„Pst, gleich kommt der Showdown", flüsterte er.

„Ach du", erwiderte Rasner auf Idas Frage. „Gleich nebenan ist doch der Wald. Die finden schon ein neues Plätzchen." Wie erwartet, machte sich der Baukönig nur Sorgen ums Geld. Ein bisschen erinnerte er mich an Darth Vader aus Star Wars. Er gehörte mal zu den Guten, aber die dunkle Seite der Macht hatte ihn längst bezwungen. Und jetzt lebte er nur noch für seine Geldgier! Keine Chance, dass er seinen Fehler jemals einsehen würde!

„Und wie haben Sie es nun geschafft, die Mehrheit der Stadträte von Ihrem Einkaufszentrum zu überzeugen?"

Ich packte Einstein an den Schultern und krallte meine Finger vor Anspannung hinein.

Rasner richtete sich auf und sah sich vorsichtig um.

„Naja, das Glück war auf meiner Seite. Das Glück und ...", er hielt kurz inne, „und gute Beziehungen."

Ida nickte stumm. Ich drückte Einsteins Schultern noch ein bisschen fester.

„Aua!", fauchte der und schüttelte sich. Sofort ließ ich ihn los. Trixie hielt weiter die Kamera auf Rasner gerichtet.

„Sie müssen sehr überzeugend gewesen sein", bohrte Ida weiter. Sie war spitze. Das totale Pokerface.

Der Baukönig verschränkte siegessicher die Arme vor der Brust und lachte kurz auf.

„Das war ich. Das kannst du mir glauben."

Ida schaute den Baukönig lange stumm an. Gerade als die Luft vor Spannung zu zerreißen drohte, ließ sie die Katze aus dem Sack.

„Kann es sein, dass Werner Karwinkel und die anderen Stadträte einfach nicht anders konnten, als für den Verkauf an Sie zu stimmen? Weil Sie nämlich sonst mit Ihrer Firma die Stadt verlassen hätten?" Bam! Stocksteif saß der Baukönig jetzt da. Für einen Moment war er sprachlos.

„Woher ...", zischelte er leise. Sehr leise. „Woher weißt du das?" Ida lachte verächtlich.

„Ach, ich weiß noch viel mehr. Nämlich auch, dass Sie Werner Karwinkel erpresst haben. Hätte er Ihnen nicht geholfen, hätten Sie dem Bürgermeister und den anderen Stadträten von Ihrem netten Freundschaftsdienst erzählt. Ich sage nur: Wintergarten!"

Der Baukönig erstarrte. Er war weiß wie ein Stück Ziegenkäse geworden. Ida hatte ihn eiskalt erwischt.

„W-w-was soll das", stotterte er. Er konnte einem fast ein bisschen leidtun, wie er so hilflos dasaß und überhaupt nichts mehr kapierte. „Woher ...?"

In diesem Moment trat Mama erhobenen Hauptes aus dem Brombeerbusch hervor.

„Das Spiel ist aus Rasner. Wir wissen alles. Von Ihrer Erpressung. Und Ihrer Bestechung."

„Wer ...", schrie der Baukönig in die Bäume hinein. Als er Mama erkannte, wurde ihm wohl so einiges klar und er brüllte:

„Euch wird kein Mensch glauben!"

Völlig außer sich sprang er von der Bank auf und blickte wütend um sich.

Mama und Ida fixierten ihn mit ihrem Blick. Der Baukönig ließ die beiden ebenfalls nicht aus den Augen. Wie kampfbereite Cowboys in einem Westernduell standen sie sich gegenüber.

Und dann kam plötzlich Trixie hinter der Eiche hervor.

„Oh, das lassen Sie mal unsere Sorge sein!"

Triumphierend streckte sie ihm ihr Handy entgegen.

DAS GLAUB' ICH JA NICHT!

„Was soll das ...?", schrie Rasner nur noch lauter. Wie ein wildes Tier, das man in die Ecke gedrängt hatte, blickte er um sich. „Hast du etwa alles gefilmt?"

Drohend machte er einen Schritt auf Trixie zu, die schadenfroh nickte.

„Du kleines Biest!" Felix Rasner holte mit der Hand aus. „Das wirst du mir büßen!" Oh, nein! Er wollte Trixie wehtun!

Dann ging alles ganz schnell! Einstein warf den Eichenast zwischen Rasner und Trixie. Die Blätter sausten nach oben und peitschten mir ins Gesicht. Ich schlug die Hände vor meine Augen und sah durch die Fingerspitzen, wie Rasner Trixie das Handy aus der Hand riss und wegrannte. Vorbei an mir, vorbei am Café, geradewegs Richtung Ausgang!

„Schnell! Den kriegen wir!", rief ich und wollte schon losrennen, als Trixie uns zurief:

„Spart euch die Mühe. Das Handy wird er mir spätestens morgen wiederbringen."

Sie kicherte. Hatte sie den Verstand verloren?

„Ich hab' das Video doch längst verschickt!", klärte sie uns auf.

„Was?", riefen Einstein und ich gleichzeitig.

„Ja, während ihr euch mit ihm ein Blickduell geliefert habt, habe ich es per Handynachricht direkt an die Journalistin des Tagesanzeigers geschickt. Wisst ihr noch? Jessica! Ich habe sie gestern in der Redaktion besucht und mir ihre Nummer geben lassen."

„Ohne uns was zu sagen?" Ich schaute meine Freundin vorwurfsvoll an.

Trixie nickte und erwiderte kleinlaut: „'tschuldigung, wollte ich ja. Aber dann ging alles so schnell mit dem Termin für das Interview. Irgendwie habe ich es dann total vergessen."

Ich nickte und musste schließlich ebenfalls kichern. Trixies Gerissenheit war echt beeindruckend.

„Krass! Das muss man dir lassen", lobte ich sie.

„Yepp", feixte Trixie und klopfte sich selbst anerkennend auf die Schulter.

„Mann, der wird so ein doofes Gesicht machen morgen!", freute sich Einstein, lachte schrill auf und rieb sich die Hände. „Hihihi, ich sehe schon die Titelseite vor mir: BAUKÖNIG ERPRESST STADTRAT."

Begeistert textete ich mit: „Oder die: ERPRESSUNG AUS GELDGIER."

Wir waren so mit uns beschäftigt, dass wir das leise Räuspern hinter uns fast nicht gehört hätten.

Mama! Die hatte ich ja total vergessen.

„Also, ich will euch ja nicht stören. Aber jetzt sollten wir erst mal zu Luise gehen und ihr sagen, dass sie keine Cafébesucher mehr abfangen muss."

„Stimmt", rief Ida. „Zum Glück war sie zur Stelle. Das wäre ziemlich blöd gewesen, wenn irgendwelche Spaziergänger in mein Interview geplatzt wären."

Mama grinste und machte sich auf den Weg zum Café.

„Und danach fahre ich zur Polizei und mache meine Aussage."

„Und", fügte Ida hinzu. „wir sollten schnellstens Jessica anrufen. Bin schon gespannt, was sie zu dem Video sagt!"

Ein paar Minuten später saßen wir bei Luise im Café und berichteten ihr atemlos was passiert war. Immer wieder schüttelte sie fassungslos den Kopf und rief: „Nein, das glaub' ich ja nicht."

Als wir fertig waren, umarmte sie uns – einen nach dem anderen – und flüsterte mit Tränen in den Augen: „Ihr seid solche Schätze, wisst ihr das? Was hätte ich nur ohne euch getan?"

„Ach", wehrte Einstein gerührt ab. „Das war doch Ehrensache."

„Genau", fügte Trixie hinzu. „So einem Stinktier mussten wir das Handwerk legen."

„Naja, das ist euch gelungen." Luise lachte schallend. Dann stand sie auf und holte ihr Telefon. „So, und jetzt rufe ich erst mal in der Polizeistation an und erstatte Anzeige."

„Übrigens", sagte Trixie in die Runde, „Jessica hat mir versprochen, dass sie das Video an die Polizei weiterleitet."

„Das hast du sehr gut gemacht", lobte Luise sie. Dann ging Luise raus auf die Terrasse und wählte die Nummer.

Am nächsten Morgen stand ich sehr früh auf. Leise schlich ich hinunter zum Briefkasten. Ich wollte als Erste die Zeitung in der Hand halten. Noch müde zog ich den Tagesanzeiger aus dem Briefschlitz.

Als ich die Überschrift auf der Titelseite las, war ich mit einem Schlag hellwach. SKANDAL UM GEPLANTES EINKAUFSZENTRUM stand da in dicken, schwarzen Buchstaben. BAUUNTERNEHMER SETZT STADTRAT UNTER DRUCK.

„Yippie", brüllte ich in die Welt hinein und rannte zurück ins Haus. Es war mir total egal, dass es erst 6 Uhr morgens war. Ich war so glücklich und wollte, dass es jeder wusste.

Sofort lief ich ins Schlafzimmer meiner Eltern und rüttelte an Mamas Arm: „Mama, der Tagesanzeiger hat's gebracht. Ganz groß auf der Titelseite."

„Was ist?", fragte mich Mama schläfrig, die Augen noch geschlossen.

„Malin", murmelte Paps genervt, „weißt du eigentlich, wie spät es ist?" Er drehte mir den Rücken zu. „Ich will noch schlafen!" Aber mir war das schnurzpiepsegal!

„Mama komm, das musst du lesen. Wir müssen sofort den anderen Bescheid geben."

„Ja, ja", flüsterte Mama „gib mir noch fünf Minuten, lilla gumman! Nur fünf Minuten. Okay?"

„Okay. Aber beeil dich! Ich warte unten in der Küche auf dich!"

Fünfzehn Minuten und einen Kaffee später saß Mama bei mir am Tisch und studierte die Zeitung.

„Wahnsinn! Jetzt kann Rasner einpacken." Mit Schwung klappte sie die Zeitung zu. „Ich bin sehr stolz auf dich und die zwei anderen Klima-Checker." Mama strich mir sanft über den Kopf.

„Ich bin schon sehr gespannt, wie es nun weitergeht für Rasner", antwortete ich. „Jetzt muss er sich bei Luise entschuldigen. Dieser fiese Erpresser."

„Ich glaube zwar nicht, dass er das machen wird", sagte Mama trocken, „aber er muss auf jeden Fall zur Rechenschaft gezogen werden. Wie Werner Karwinkel auch. Der wurde zwar mehr oder weniger in den ganzen Schwindel hineingezogen ..."

„... aber er hätte sich ja auch wehren können", vervollständigte Ida Mamas Satz. „Außerdem hätte er sich als Politiker nie umsonst den Wintergarten umbauen lassen dürfen. So was nennt man nämlich Korruption! Und das ist strafbar!"

Mit verwuschelten Haaren stand meine Schwester in der Küchentür. Das Oberteil ihres hellblauen Pyjamas steckte noch halb in der Hose. Müde rieb sie sich die Augen und gähnte genüsslich. Als sie die Zeitung auf dem Tisch liegen sah, setzte sie sich schnell zu uns und las den Artikel.

„Nice!", rief sie zufrieden. „Am Ende siegt eben doch die Gerechtigkeit." Ida lächelte mich an. Ich lächelte Ida an. Mir wurde mit einem Mal ganz warm. Es war schön, sie als Schwester zu haben.

„... wer denkt, das klingt nur nach Gemecker, für den tut's uns wirklich leid. Denn wir sind die Klima-Checker. Und jetzt ist unsere Zeit!" riefen Trixie, Einstein und ich, als wir etwas später gemeinsam zur Schule radelten und seltsame Blicke von Passanten dafür ernteten. Aber das war uns egal! Wir würden noch viele Fälle lösen! Und die Natur-Zerstörer dieser Welt sollten sich jetzt schon mal warm anziehen!

„Komm' wir schauen mal, was bei Rasner-Bau so los ist", schlug Trixie vor. „Die haben den Tagesanzeiger bestimmt auch schon gelesen."

Wir fuhren einen kurzen Umweg und sahen die grellen Blinklichter bereits von Weitem. Drei Polizeiautos hatten kreuz und quer vor dem Gebäude der Firma geparkt. Gerade als wir direkt am Eingang vorbeifuhren, öffnete sich die Tür und zwei Polizisten traten hinaus. Zwischen ihnen entdeckten wir ihn. Mit gesenktem Kopf stieg der Baukönig in den Polizeiwagen ein. Trixie winkte ihm schadenfroh zu. Das traute ich mich nicht, aber ein gutes Gefühl war es schon.

KINDER, ICH BIN JA SO ERLEICHTERT!

„Hat Luise dir gesagt, warum wir kommen sollen?", fragte mich Einstein neugierig.

„Nee", antwortete ich. „sie tat ganz geheimnisvoll und meinte nur, wir hätten noch was zu erledigen."

„Aha", murmelte Trixie.

Keiner von uns konnte sich einen Reim darauf machen.

Als wir zum Café kamen, saß Luise an einem der Tische auf der Holzterrasse. Die Ärmel ihres rosa-karierten Hemdes hatte sie hochgekrempelt, denn es herrschte schon wieder mildes Sonnenwetter.

„Hallo Kinder! Schön, dass ihr es euch einrichten konntet", rief sie mit ihrer weichen Karamellstimme. Jedes Mal, wenn ich sie höre, hüpft mein Herz.

Auf dem Tisch standen vier Gläser um eine Wasserkaraffe.

„Kommt, setzt euch!", forderte sie uns auf und klopfte sanft auf den Tisch. „Ihr fragt euch bestimmt, was es noch so Wichtiges zu erledigen gibt."

„Ja, das tun wir", sagte Einstein und setzte sich auf den Stuhl neben Luise.

Luise zog ein geblümtes Säckchen aus ihrer Hosentasche und öffnete es. Heraus fiel das Elfenglöckchen, das sich bei Rasners erstem Besuch gelöst hatte. Dann griff sie noch einmal hinein und zog den Rest der Türglocke hervor, an der die anderen drei Glöckchen baumelten.

„Ich finde, wir sollten es wieder reparieren. Und das würde ich gerne mit euch zusammen machen."

Gerührt sahen wir uns an.

„Oh, wie schön!", hauchte Trixie und legte das einzelne

Glöckchen bedächtig in ihre hohle Hand. „Das Elfchen kommt wieder an seinen Platz zurück."

Ich schnitt ein Stück Schnur ab und fädelte es durch die kleine Öffnung. Dann reichte ich es feierlich weiter an Einstein, der es zusammen mit dem Rest verschnürte. Jetzt waren die vier Elfenglöckchen endlich wieder vereint.

Luise schüttelte sachte die Hand, das zarte Bimmeln war zauberhaft.

„Ta-da", rief Trixie, sprang auf und machte ein paar coole Dance-Moves. Luise lachte laut auf und machte mit. Natürlich hielt es Einstein und mich auch nicht auf den Stühlen!

„Ich bin ja so glücklich", schrie sie so laut in die Baumschule hinein, dass es mehrmals zurückhallte.

Plötzlich wurde sie wieder ernster und blieb stehen.

„Ich hoffe nur, dass die Stadt für das Gelände nun endlich eine neue Pächterin findet. Ich will die Baumschule in guten Händen wissen."

Trixie nahm ihre Hand und drückte sie fest.

„Bestimmt. Meine Mama ist sich ziemlich sicher, dass sich die Stadt nach so einem Skandal extra viel Mühe geben wird."

Da vibrierte mein Handy. Ich schaute auf das Display.

„Es ist Mama", sagte ich zu Luise und meinen Freunden.

Ich nahm ab. „Ja, Mama? ..." Sie klang sehr aufgeregt.

„Was?", antwortete ich. Und: „Das gibt's ja nicht ... Ja, klar, machen wir."

Fragend schauten mich die anderen an.

„Luise, hast du ein Radio?", rief ich schnell.

„Ja, wieso?"

„Mama sagt, Werner Karwinkel, der Stadtrat, entschuldigt sich gerade live im Radio."

„Schnell Kinder, ab ins Café! Das will ich mir nicht entgehen lassen."

Wir liefen ins Haus und scharten uns um das Radio auf dem Holztresen, einem rechteckigen Kasten mit meterlanger Antenne. Luise drehte den dicken Einschaltknopf. Es knackte und knarzte.

„Luise", scherzte Einstein. „aus welchem Jahrhundert ist das denn?"

Luise warf ihm nur einen schiefen Blick zu.

„Ach, das hab' ich mir mal als junges Ding gekauft. Läuft noch wie 'ne Eins."

„Naja", antworteten wir misstrauisch im Chor.

„Pst!", flüsterte Luise und legte ihren Zeigefinger an die Lippen.

Eine tiefe Männerstimme war zu hören. „Das ist Karwinkel", raunte uns Luise zu. Sie stellte den Ton lauter. Gebannt lauschten wir.

„... leider habe ich mich dazu verleiten lassen. Ich weiß, dass ich durch mein Verhalten dem Ansehen des Stadtrats, aber auch der gesamten Stadt, schweren Schaden zugefügt habe." Pause. „Und deshalb möchte ich mich hiermit in aller Form bei meinen Kolleginnen und Kollegen, aber auch allen Bürgerinnen und Bürgern, entschuldigen. Selbstverständlich werde ich die Verantwortung für mein Handeln übernehmen und von meinem Amt als Stadtrat zurücktreten."

Luise klatschte begeistert in die Hände.

„Na also. Dann hat ja wenigstens er noch so etwas wie ein Gewissen."

„Megaoberhammergeil!", rief Einstein. Verdutzt schauten wir ihn an. Einstein und solche Ausdrücke?

„Was denn?", fragte er und räusperte sich, während wir ihn nur angrinsten. „Glaubt ihr, dass nur ihr solche Wörter draufhabt?"

Luise war wieder hinaus auf die Terrasse gegangen. Mit den Elfenglöckchen in der Hand kam sie zurück. „So und die hier hängen wir jetzt endlich wieder an ihren Platz."

ES GEHT WEITER!

Der Baukönig und Werner Karwinkel hatten nicht nur ihren guten Ruf verloren. Auf sie wartete außerdem eine fette Strafe.

„Ich habe heute mit der Polizei telefoniert", erzählte uns Mama beim Mittagessen. Trixie und Einstein waren nach der Schule mit zu mir gekommen. „Die beiden erwartet eine Haftstrafe wegen Bestechung und Bestechlichkeit. Bei Rasner wird sogar wegen Erpressung ermittelt."

„Oha", entfuhr es Trixie.

„Geschieht den beiden ganz recht", erwiderte Ida trocken.

Da musste ich meiner Schwester zustimmen – was ja nicht allzu oft vorkam. „Zum Glück siegt am Ende doch die Gerechtigkeit!"

„Es lebe die Demokratie!", sagte Einstein feierlich und nahm sich noch einen zweiten Nachschlag von Mamas Kartoffelauflauf.

„Übrigens, Pernilla, dein Essen schmeckt mal wieder köstlich", lobte er Mama und leckte sich über die Lippen.

Trixie und ich tauschten vielsagende Blicke aus und glucksten leise.

„Echt krass, dass der Rasner so ein geldgieriges Scheusal geworden ist", sagte Trixie plötzlich in die Stille hinein.

Ich nickte: „Stimmt. Dabei ist er doch mal für eine bessere Welt auf die Straße gegangen!"

Mama sagte nachdenklich: „Tja, aber so wie Luise mir das erklärt hat, ist er irgendwann wohl vom richtigen Weg abgekommen. Spätestens seit er die Firma seines Vaters übernommen hat. Jetzt geht es ihm nur noch um Gewinne und gute Geschäfte." Mama seufzte. „Eigentlich ja schade!"

„Zum Glück sind nicht alle Firmenbesitzer so", warf ich ein.

„Da hast du recht, Malin", erwiderte Mama. „Ich kenne auch viele Unternehmen, die nachhaltiges und umweltschonendes Handeln ernst nehmen. Rasner ist leider ein schwarzes Schaf."

Plötzlich klingelte Trixies Handy. Zum Glück hatte es ihr die Polizei sofort nach der Verhaftung des Baukönigs wieder zurückgegeben. Er hatte nichts damit angestellt – alle Kontakte und Nachrichten waren noch gespeichert. Nur das Video hatte er gelöscht, nichtsahnend, dass es Trixie bereits an Jessica vom Tagesanzeiger geschickt hatte.

„Hallo Mama." Trixie hielt sich die Hand ans freie Ohr und ging aus der Küche in den Flur.

„Ja, es sind alle da", sagte sie. Nach einer Weile kam sie zu uns in die Küche zurück und streckte uns ihr Handy entgegen.

„Ich soll auf laut stellen, hat Mama gesagt."

Neugierig starrten wir auf das Telefon in Trixies Hand.

Jetzt konnten wir laut und deutlich Tanjas Stimme hören: „Hallo an alle."

„Hallo Tanja", riefen wir im Chor.

„Also, ich wollte die Erste sein, von der ihr es erfahrt. Luise habe ich bereits informiert." Pause. „Es geht weiter! Die Stadträte haben heute in einer außerordentlichen Sitzung beschlossen, dass die Baumschule und das Café weiterverpachtet werden!"

„Juhu!", quiekten wir vor Freude und fielen uns in die Arme.

„Wow!", entfuhr es Ida.

Ich streckte meine rechte Hand aus und ballte sie zur Faust. Trixie und Einstein taten es mir nach. Dann stießen wir unsere

Fäuste zusammen und warfen die Arme in die Luft. „Yeah! Wir sind die Klima-Checker!"

Die Last der letzten Wochen fiel mit einem Mal von mir ab. Ich fühlte mich leicht wie ein Vogel, der durch die Luft gleitet. Wir hatten es tatsächlich geschafft. Die grüne Lunge unserer Stadt würde es weiterhin geben. Und konnte so gegen die Erderwärmung wirken!

Ich war megaglücklich!

„Danke Mama, dass du uns angerufen hast", hauchte Trixie gerührt ins Telefon. „Wir freuen uns total!"

Wir hörten Tanja am anderen Ende lachen. „Ja, das habe ich deutlich gehört! Ich freue mich auch! Also, macht's gut. Bis später, meine Süße!"

„Bis später, Mama". Trixie drückte auf den roten Hörer auf dem Display ihres Handys.

Da läutete es an der Tür.

„Huch", rief Mama. „Na, heute geht's hier ja zu wie auf dem Bahnhof."

Sie ging zur Tür und öffnete sie.

Es war Luise.

„Hallo meine Lieben", flötete Luise, als sie in die Küche kam. Ich hatte sie schon lange nicht mehr so gut gelaunt gesehen. „Ich nehme an, Tanja hat euch bereits angerufen?"

Wir nickten eifrig.

Ich lief zu Luise und umarmte sie.

„Ist das nicht genial?" Ich konnte ihren Atem spüren. Warm und süß. Ein Stück Geborgenheit. Schon immer.

„Ach, Malin, ich freue mich auch. Mir fällt so ein großer Stein vom Herzen." Sie drückte mich fest an ihre weiche Brust.

Nachdem sie auch meine Freunde und Ida umarmt hatte, ging sie zu Mama.

„Meine liebe Pernilla. Und nun zu dir." Luise fasste Mama sanft an den Armen. „Du warst mein Anker, wenn ich verzweifelt war. Meine Retterin in der Not. Ohne dich hätten wir nur die Hälfte von allem geschafft." Sie holte tief Luft. Ihre Augen wurden glasig. „Und als du dann auch noch bei der Polizei ausgesagt hast, wusste ich es plötzlich …".

Mama sah sie an. „Ja?", fragte sie vorsichtig. „Was wusstest du?"

„Dass du die richtige Nachfolgerin für mein Café und die Baumschule wärst." Augenzwinkernd fügte Luise hinzu: „Auch wegen deiner köstlichen Kuchen."

Mama stand wie eingefroren da. Eine halbe Ewigkeit lang. Irgendwann zog ich sie vorsichtig am Arm.

„Mama, sag doch was? Das wäre doch megaobercool, oder?!"

„Also, ich weiß wirklich nicht … was ich sagen soll", stammelte sie und setzte sich auf die Küchenbank. „Ich meine, ein eigenes Café, das war schon immer mein Traum."

Dann überlegte sie kurz. „Aber ich müsste natürlich erst mit Karo sprechen. Und mit Bernd."

Luise setzte sich neben sie auf die Bank. Sie nahm sich eines der leeren Gläser und schenkte sich etwas von Mamas selbstgemachter Limonade ein.

„Du wärst die ideale Pächterin." Luise nahm einen Schluck. „Hm. Schmeckt die gut. Da ist eine Prise Vanille drin, oder?!"

„Ja", antwortete Mama.

„Also, Pernilla, die Leute werden dir die Bude einrennen."

IHR SEID DIE BESTEN!

Karo brauchte nicht lange zu überlegen.

„Natürlich machen wir das", sagte sie und strahlte Mama mit ihren grün-braunen Katzenaugen an, während sie sich die Hände an ihrer Schürze abwischte. „Der Laden und die Baumschule ergänzen sich total gut."

Mama atmete erleichtert auf.

„Puh. Da bin ich aber froh, Karo. Ich hatte schon Angst es könnte dir zu viel werden."

Karo winkte lachend ab. „Gar nicht. Außerdem bringt das bestimmt auch noch mehr Kundschaft für den Laden." Sie zwinkerte Mama zu und schenkte uns allen grünen Tee nach.

Der Bio-Laden hatte bereits geschlossen. Wir saßen um den kleinen, runden Tisch gleich hinter der Ladentheke, an dem Karo und Mama normalerweise immer Mittagspause machen oder wichtigen Papierkram erledigen.

„Und wenn ihr Hilfe braucht", mischte sich Luise jetzt ein, „ich bin ja nicht aus der Welt. Auch wenn ich erst mal eine kleine Reise machen werde."

„Echt, wohin soll's denn gehen?", fragte ich neugierig.

„Ich fahr' mit dem Zug erst nach Lissabon und dann weiter an die portugiesische Atlantikküste." Sie rieb sich voller Vorfreude die Hände und lachte wie ein kleines Kind, das sich auf Weihnachten und Ostern freute. „Ich will endlich surfen lernen – das war schon immer ein ganz großer Traum von mir."

Der ganze Helfertrupp war gekommen. Mama hatte uns extra darum gebeten, weil sie sich nicht sicher war, wie Karo auf das

Angebot reagieren würde.

„Und wir sind ja auch noch da", riefen Trixie, Einstein und ich.

„Das ist gut zu hören." Mama stand auf, ging nach hinten in die kleine Teeküche des Ladens, die mehr einer Rumpelkammer glich, und holte einen Teller mit Brownies.

„Hier, selbst gebacken", sagte sie stolz und stellte den Teller auf den Tisch. Sofort machten wir uns über ihn her.

„Mama", sagte Ida schmatzend. „De smakar jättebra! Die sind total lecker!"

Luise schaute Mama liebevoll in die Augen.

„Wusste ich's doch. Niemandem sonst könnte ich mein Erbe anvertrauen."

Karo und Mama wollten die Neueröffnung des Cafés mit einer Riesenparty feiern. Ganz so, wie ich es aus Schweden kannte.

Mit großem Bufett und Tanzmusik. Ein Freund von Luise, der total gut E-Gitarre spielte, hatte seine alte Schulband zusammengetrommelt. Sie spielten die alten Hits rauf und runter.

Eine Menge Leute waren gekommen: Der Bürgermeister und alle Stadträte – bis auf Werner Karwinkel natürlich. Auch Jessica von der Tageszeitung war da. Wie all unsere Helfer aus der Schule. Und natürlich unsere Familien.

Sogar Ole. Als er zusammen mit Trixies Mutter ins Café spazierte, rümpfte Trixie nur die Nase.

„Was will der denn hier?", sagte sie wutschnaubend.

Tanja winkte uns von Weitem fröhlich zu. Hinter ihr Ole, der uns sein schönstes Lächeln schenkte.

„Ich weiß nicht, was du hast", sagte ich zu meiner Freundin. „Ich finde ihn eigentlich ganz nett."

Entgeistert glotzte mich Trixie an. „Was? Bei dir piept's wohl!"
Sie schüttelte den Kopf, wobei ihr Pferdeschwanz wild hin und
her schaukelte. „Der ist nicht nett!"

Ich hob nur die Schultern.

„Wenn du meinst!" Ein kleines Grinsen konnte ich mir aber
nicht verkneifen.

Bevor sie mir etwas Ärgerliches zuraunen konnte, zog ich sie
am Arm.

„Komm' lass uns lieber 'ne Runde tanzen. Wo steckt denn
Einstein eigentlich?"

„Wo wohl!", sagte Trixie kichernd und zeigte zum Bufett. Ihre
schlechte Laune war mit einem Mal wieder verschwunden.

Glücklich liefen wir zu Einstein und zogen ihn am Arm.

„Komm, jetzt wird erst mal getanzt!", rief ich.

Einstein hatte den ganzen Mund voll Torte und verschluckte
sich total, weil er gleichzeitig essen und sprechen wollte.

Nachdem er den letzten Bissen unten hatte, sagte er:

„Also Malin, ich muss schon sagen, diese Sörgastorte, die du
für deine Mutter gemacht hast, ist einfach genial!"

„Smörgåstårta!", verbesserte ich meinen Freund.

„Na, dann eben die", erwiderte er.

Zusammen mit Paps und Ida hatte ich am Abend vor der Party
heimlich diese traditionelle, schwedische Festtagstorte aus dün-
nem Toastbrot, Frischkäse und Gemüsescheiben zubereitet. Als
Überraschung für Mama und Karo!

„Cool!", rief jetzt Trixie, „sie spielen Happy!" Und damit zog
sie mich bei der Hand zur Tanzfläche. Ich riss Einstein mit, der
unbeholfen hinterher stolperte.

Trixie und ich sprangen und drehten uns fröhlich im Kreis,

während Einstein neben uns nur vorsichtig hin und her wippte. Die langen Arme baumelten schlaff an seinem Körper herunter. Er war echt nicht der große Tänzer, aber uns zuliebe gab er sich alle Mühe.

Kurze Zeit später, wir holten uns gerade bei Luise am Getränkestand eine selbst gemachte Zitronenlimo zur Abkühlung, trat eine ältere Dame auf die Holzterrasse. Sie trug einen eleganten Hosenanzug und hatte die grauen Haare hochgesteckt. An ihren Ohren baumelten goldene Ohrringe, die in der Sonne glänzten.

„Angelika!", rief Luise überrascht und stand wie angewurzelt da.

„Hallo Luise", antwortete die Dame leise.

Angelika. Natürlich! Angelika Rasner. Sie waren mal befreundet gewesen und hatten gemeinsam gegen das Waldsterben protestiert. Luise hatte sie damals erwähnt, als Rasner das erste Mal bei ihr aufgetaucht war. Mutter und Sohn sahen sich total ähnlich. Der Baukönig hatte das dicke Haar und die lange, feine Nase seiner Mutter geerbt.

„Hmm", räusperte sich Angelika Rasner. Unsicher schaute sie um sich. Alle glotzten die beiden Frauen an – gespannt, was jetzt kommen würde.

„Es tut mir ja so leid. Das mit Felix. Ich weiß wirklich nicht, was da in ihn gefahren ist. Manchmal glaube ich, er war geradezu besessen davon, alles richtig zu machen. Es seinem Vater recht zu machen. Ich ..."

„Nicht doch", unterbrach sie Luise und machte einen Schritt auf sie zu. „Es ist nicht deine Schuld, Angelika. Ich bin sehr froh, dass du gekommen bist!" Und dann nahm sie sie einfach in die Arme.

Mama neben mir bekam glasige Augen.

„Wie schön!", schluchzte sie leise und wischte sich mit dem Handrücken ein paar Tränen weg. Mama war total nah am Wasser gebaut. Ich nahm ihre Hand.

„So." Luise löste sich aus der Umarmung, warf freudestrahlend die Hände in die Luft und schrie: „Und jetzt wird weiter gefeiert."

Am Abend, es dämmerte bereits, setzte ich mich mit meinen Freunden auf die Holzbank, wo Felix Rasner seine miesen Machenschaften zugegeben hatte.

„Was für eine Party", schwärmte Trixie.

„Mir tut jeder einzelne Muskel vom vielen Tanzen weh", stöhnte Einstein und fügte dann mit einem Leuchten in den Augen hinzu: „Aber eure Schmökertorte ..."

„Smörgåstårta", verbesserte ich ihn.

„Ja, also die eben ...", antwortete er grinsend, „die war der absolute Hammer. Die kannst du gerne öfter machen."

Wie aus dem Nichts kam plötzlich ein älterer, grauhaariger Herr auf uns zu, der mir irgendwie bekannt vorkam.

Trixie stieß mich mit der Fußspitze an.

„He Malin, ist das nicht der nette Mann, den wir damals vor dem Rathaus getroffen haben?"

„Hä?"

„Na, als wir vor dem Rathaus nochmal Flyer verteilt haben", antwortete Trixie ungeduldig.

Dann fasste ich mir an die Stirn.

„Ja klar. Er hat gesagt, dass er unseren Verein toll findet!" Ich schaute zu Einstein. „Und er ist außerdem ein Fan von Luises Apfelkuchen."

„Guter Mann!", witzelte Einstein.

„Hallo ihr zwei", begrüßte er uns freundlich und stellte sich direkt vor Trixie und mich. Einstein nickte er kurz zu.

„Ich habe euch nicht vergessen."

„Wir Sie auch nicht", sagte Trixie.

Der Mann sah uns gespannt an. „Und? Seid ihr schon einem neuen Fall auf der Spur?"

„Nee, jetzt brauchen wir erst mal 'ne Pause." Dann zeigte ich auf Einstein und sagte: „Das ist übrigens unser dritter Klima-Checker."

„Sehr erfreut." Der Mann gab Einstein die Hand. „Also, ich wollte euch eigentlich nur sagen, dass mich unser Gespräch damals nicht mehr losgelassen hat. Als ich wieder zu Hause war, habe ich gleich ein paar Freunde angerufen, die wie ich im Ruhestand sind."

Wir sahen ihn gespannt an.

„Wir wollen nun ein Projekt gegen das Bienensterben ins Leben rufen. Denn ohne diese Tiere bricht unsere Natur zusammen!"

„Das hört sich klasse an!", sagte ich.

„Nur von euch inspiriert", erwiderte der Mann freundlich. „Also, macht weiter so!"

EPILOG

Ein paar Wochen später saßen Trixie, Einstein und ich in unserem Hauptquartier und entspannten. Inzwischen war es Anfang März und wir konnten uns ohne schlechtes Gewissen über milde Temperaturen freuen.

Einstein nahm einen Schluck Limo aus seinem Becher und lehnte sich in einer der Gartenliegen zurück.

„Ah, so lässt es sich aushalten."

„Das stimmt", gab ihm Trixie recht und streckte die Beine auf ihrer Liege aus, die Arme hinter dem Kopf verschränkt. „Nach dem ganzen Trubel tut eine kleine Pause echt gut."

„Stimmt." Ich hatte ein Umweltmagazin auf den Knien liegen, dass Paps mir gegeben hatte. „Aber ich fürchte, lange ausruhen werden wir uns nicht können."

Ich zeigte meinen Freunden ein Foto, auf dem eine Südseeinsel zu sehen war, die bald untergehen würde. „Der Meeresspiegel steigt immer weiter. Die Gletscher schmelzen ..." Ich seufzte. „Der Klimawandel ist in vollem Gange."

„Ja, ich fürchte da hast du leider recht", antwortete Einstein traurig.

Plötzlich hörte ich es leise rascheln. Das Geräusch kam aus der Ecke des Ligusters.

„Träum ich?" Verdutzt rieb ich meine Augen. „Das ist doch Greta?!"

So leise wir konnten standen wir auf und schlichen hinüber zur Hecke. Gleich in der Nähe des Igelhotels lief unser Überwinterungsgast umher und suchte mit seiner feuchten, schwarzen Schnüffelnase den Boden ab.

„Die sieht ja wieder putzmunter aus", rief Trixie glucksend.

Ich setzte mich auf die trockene Erde und schaute selig in Gretas Richtung.

Einstein und Trixie ließen sich neben mir nieder.

„Ich bin echt stolz auf uns", sagte ich zu meinen Freunden. „Wir haben nicht nur die Baumschule gerettet, sondern auch Greta. Wir haben echt was geleistet."

„Das stimmt", pflichtete mir Einstein bei.

„Auf die Klima-Checker", sagte Trixie und streckte uns ihre geballte Faust hin.

„Auf die Klima-Checker!" Einstein und ich legten unsere Fäuste auf die von Trixie.

Und ich weiß nicht, ob es Zufall oder sogar Schicksal war. Aber wie aus dem Nichts erklang über uns plötzlich ein lautes Trompeten. Als wir nach oben schauten, sahen wir einen Schwarm Vögel über unsere Köpfe hinweg fliegen.

„Das sind Kraniche", rief Einstein begeistert. „Die kommen direkt aus ihrem Winterquartier zurück." Er lachte, typisch Einstein, schrill auf und steckte Trixie und mich sofort damit an. Bevor die Kraniche aus unserem Blickfeld verschwanden, ertönte das Trompeten nochmal, fast so als würden sie uns antworten. Ich fasste meine Freunde an der Hand. Beste Freunde. Für immer.

ENDE

NACHGEFRAGT!

KLIMASCHUTZ IST AUCH TIERSCHUTZ!
INTERVIEW MIT SILVIA TEICH VOM NABU

Puh, nach der ganzen Aufregung um die Baumschule
und unseren kleinen Igel kehrte erst einmal wieder
Ruhe bei uns ein. Doch der Klimawandel und die Fol-
gen für die Tiere gingen mir nicht mehr aus dem Kopf.
Für unsere Schülerzeitung habe ich deshalb bei einer
Expertin ganz genau nachgefragt – Silvia Teich vom
Naturschutzbund Deutschland e.V. (NABU) in Berlin.

- **Frau Teich, unsere Winter werden immer milder, die Sommer immer heißer. Welche Folgen hat das für die Tiere in Deutschland?**
Der Klimawandel betrifft alle Tierarten. Tiere, die normalerweise Winterschlaf halten, wachen während des Winters jetzt häufiger auf. Ein Problem für viele Tiere sind Wetterextreme, wie Dürre. Außerdem ändert sich das Zugverhalten vieler Vögel. Es kommen aber auch neue Tierarten zu uns, die früher bei uns nicht leben konnten, weil es für sie zu kalt war.

Der Klimawandel schlägt also voll zu ...
Ja, leider. Das Umweltbundesamt geht davon aus, dass es bis zum Ende des Jahrhunderts bis zu 30 Prozent weniger Tier- und Pflanzenarten in Deutschland geben könnte, wenn die Erderwärmung so weitergeht.

Das wäre ja schrecklich. Können wir noch etwas dagegen unternehmen? Oder ist es schon zu spät?
Um die Erderwärmung zu begrenzen, müssen wir aufhören, Kohle und Öl zu verbrennen. Stattdessen müssen wir auf erneuerbare Energien setzen. Da ist die Politik gefragt.

Was raten Sie allen, die wie ich im Winter einen aufgewachten Igel im Garten finden?

Die allermeisten Igel sind fit genug, um auch mit ein paar Wachphasen gut durch den Winter zu kommen. Sobald die Temperaturen wieder sinken, zieht sich der Igel in sein Winterquartier zurück. Hilfe benötigen aufgewachte Winterigel nur, wenn sie deutlich geschwächt sind. Dann kann man ihnen etwas zu fressen anbieten, am besten einen Fressnapf mit Feucht- oder Trockenfutter für Katzen. Ein zusätzlicher Wassernapf wird ebenfalls gerne angenommen. Aber bitte kein Dosenfutter und keine Speisereste – auch keine Milch – füttern. Das vertragen Igel nicht gut.

Immer weniger Vögel aus der Baumschule, die wir zum Glück vor dem Abriss retten konnten, fliegen in ihr Winterquartier. Ist das normal?

Forscher haben festgestellt, dass Zugvögel im Schnitt sieben Tage früher nach Europa zurückkehren als noch Ende der 1950er Jahre. Außerdem bleiben Vögel, die eigentlich in den Süden fliegen, häufiger den Winter über bei uns. Das kann man beispielsweise bei Staren, Singdrosseln und Hausrotschwanz beobachten.

Was ist das Problem, wenn Winterschläfer zu früh aufwachen, beziehungsweise die Vögel zu früh zurückkehren?

Mal zwischendurch aufzuwachen ist kein Problem, bei vielen Tieren ist das sogar ganz normal. Es ist aber ein Problem, wenn das zu häufig passiert. Dann verlieren die Tiere zu viel Energie, das schwächt sie und sie werden anfälliger für Krankheiten. Vögel, die früher zurückkehren, besetzen die Brutreviere früher. Andere Arten, die einen weiteren Zugweg haben und darum später ankommen, haben das Nachsehen. So findet der Kuckuck inzwischen weniger Nester, in die er seine Eier legen kann. Denn wenn er zurückkommt, wird in vielen Nestern schon fleißig gebrütet.

Gibt es auch Tiere, die von den milden Wintern profitieren?

Ja, da gibt es einige. Beispielsweise profitieren wärmeliebende
Insekten, wie die Feuerlibelle, vom Klimawandel. Sie lebt eigentlich
in Afrika und in Südeuropa. Jetzt kann man die Libelle sogar schon
in Norddeutschland finden. Auch das Taubenschwänzchen, ein
Falter, der wie ein Kolibri aussieht, und die Gottesanbeterin findet
man heute bei uns.

**Was kann jeder Einzelne von uns tun, damit die Tiere mit der
Erderwärmung besser leben können?**

Wer einen Garten hat, sollte ihn zu einem kleinen Naturschutzgebiet
machen. Heimische, beerenreiche Sträucher helfen Vögeln. Stauden
und blühende Kräuter locken Insekten an. Eine wilde Ecke im Garten
bietet Igeln und anderen Kleinsäugern Schutz und Nahrung. Gift und
Torf sollten im Natur-Garten Tabu sein. Sogar auf dem Balkon kann
man etwas für Vögel und Insekten tun.

Vielen Dank für das Gespräch!

Mehr Tipps für den eigenen
Garten gibt es auch auf
www.nabu.de/garten

GUT ORGANISIERT!

UNSERE TIPPS, WENN DU DICH WEITER ENGAGIEREN MÖCHTEST.

Diese Organisationen sind ein guter Anlaufpunkt,
wenn du dich für Klimawandel, Naturschutz und
Tierschutz interessierst:

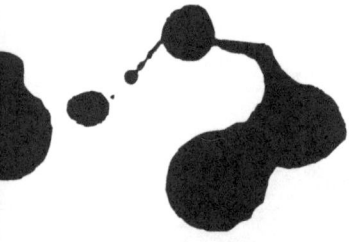

➡️ **Naturschutzjugend (NAJU) im NABU**

Die NAJU ist die Jugendorganisation des Naturschutzbundes Deutschland e. V. (NABU). Hier lernen Kinder und Jugendliche zwischen 6 und 27 Jahren eine Menge über umweltpolitische Themen und Tierschutz. Ab 13 Jahren kann man sich in Projekt- und Aktionsgruppen engagieren.

➡️ **WWF**

Eine der weltweit größten Naturschutzorganisationen hat auch eine Kinderseite – WWF Junior. Hier kannst du selbst zum Umwelt- und Tierschützer werden. Für alle ab 14 gibt es in der Jugendorganisation des WWF – der WWF Jugend – zahlreiche Möglichkeiten, um bei Aktionen mitzuwirken.

➡️ **BUND**

Der Bund für Umwelt- und Naturschutz Deutschland e. V. setzt sich für viele umweltpolitische Themen, die Erhaltung der Artenvielfalt und Menschenrechte ein. Auch hier gibt es eine Jugendorganisation, die BUNDjugend, in der du dich engagieren und mit anderen Mitstreiterinnen und Mitstreitern austauschen kannst.

➡️ **Greenpeace**

Die internationale Umweltorganisation startet auch in Deutschland regelmäßig Aktionen für mehr Klimaschutz. Auf der Kinderseite *kids.greenpeace* informiert sie über aktuelle Umweltthemen.

➡️ **Fridays for Future**

Auch in Deutschland ist die Klimastreik-Bewegung in vielen Orts- und Regionalgruppen aktiv. Einfach im Ortsfinder deine Stadt eingeben. „Fridays for Future" informiert auch über alle Streiktermine.

➡️ **BMU Kids**

Das Bundesministerium für Umwelt, Naturschutz und nukleare Sicherheit (BMU) informiert auf seiner bunten Kinderseite zu den Themen Klimaschutz, Artenvielfalt und Plastikmüll.

FAKTEN-CHECK!

UND WENN DU ES GENAUER WISSEN WILLST, HAT EINSTEIN HIER NOCH EIN PAAR FAKTEN FÜR DICH GESAMMELT:

→ CO_2-Emissionen

Die Abkürzung CO2 steht für Kohlenstoffdioxid und ist ein Gas, das auch in der Natur vorkommt. Zum Beispiel befindet es sich in der Luft, die wir atmen. CO_2 dient auch als eine Art Wärmeschutzschild um die Erde herum und sorgt für milde Temperaturen. Gäbe es das Gas nicht, wäre es zu kalt. Man nennt das auch „Natürlicher Treibhauseffekt".

Das Problem: Seit der Industrialisierung, also seitdem wir Menschen immer mehr Kohlekraftwerke, Fabriken und motorisierte Fahrzeuge nutzen, geben wir zu viel CO2-Gase in die Luft ab – was die Atmosphäre aufgeheizt hat. Das hat schlimme Folgen für die Erde: Zum Beispiel schmelzen die Gletscher und der Meeresspiegel steigt. Auch haben wir immer extremere Wettererscheinungen – Dürre im Sommer, heftige Stürme im Winter.

→ Baumschule

Normalerweise ist das ein Gartenbaubetrieb, in dem Bäume und Sträucher gezüchtet werden, um sie später zu verkaufen oder umzupflanzen. Luises Baumschule ist jedoch besonders – sie ist mehr eine Art Park und somit eine Oase der Ruhe für die Bewohner der Stadt. Die Bäume dort bieten außerdem einen wichtigen Lebensraum für Tiere.

→ Erderwärmung

Das Klima betrachtet Temperaturschwankungen über einen längeren Zeitraum hinweg. Da sich die Erde in den letzten Jahrzehnten immer weiter erwärmt hat, sprechen wir von einem Klimawandel, hervorgerufen durch zu viel CO2 in der Atmosphäre. Dadurch gibt es inzwischen enorme Wetter-veränderungen. In manchen Regionen der Erde führt der Klimawandel zu extremer Trockenheit, in anderen zu Überschwemmungen. Hinzu kommt, dass durch den Klimawandel sehr starke Stürme, Hagel und Gewitter wesentlich häufiger auftreten. Auch erwärmen sich die Ozeane und das hat mitunter schlimme Folgen für die Meerestiere und Korallen.

Grüne Lunge

Mit ihren Blättern und Nadeln sind Bäume ganz natürliche Klimaretter. Sie filtern schädliches Kohlenstoffdioxid und wandeln es in Sauerstoff um, der für alle Lebewesen auf der Erde gesund ist. Deshalb werden große Wälder, wie der Regenwald im Amazonasgebiet, aber auch Parks und Grünanlagen in Städten als GRÜNE LUNGE bezeichnet. Je mehr Bäume wir pflanzen umso besser ist es also für das Klima.

Du kannst selbst ein Baumpflanzer werden: Mehr Informationen findest du beispielsweise auf der Internetseite von „Plant for the planet", einer Organisation, die verschiedene Projekte auf der ganzen Welt unterstützt.

Petition

Jeder, dem eine Sache nicht gefällt oder der etwas verändern möchte, kann eine Petition starten. Auch Kinder! Petition stammt vom lateinischen Begriff „petitio", was so viel wie Bitte oder Gesuch bedeutet.

Du kannst deine Petition online im Internet starten, oder auch ganz altmodisch auf Papier Unterschriften sammeln. Je mehr Unterstützerinnen und Unterstützter, umso größer die Chance, dass du Aufmerksamkeit erregst und etwas verändern kannst.

UN-Kinderrechtskonvention

Auch ihr Kinder habt Rechte. Vor über 30 Jahren wurden diese als Kinderrechtskonventionen von den Vereinten Nationen festgehalten. Dazu zählen zum Beispiel: das Recht seine Meinung frei zu äußern, das Recht sich zu versammeln (zum Beispiel auf Demos), das Recht zur Schule zu gehen oder auch das Recht auf Gesundheit und ein gutes Zuhause.

→ **Winterschläfer**

Einige Tiere, wie Igel, Fledermäuse oder Murmeltiere, gönnen sich im Winter eine richtige Mütze voll Schlaf. Denn sie können in den kalten Monaten nicht einfach wegfliegen, wie das viele Vögel tun. Diese sogenannten Winterschläfer suchen sich meist Ende November einen ruhigen und gut geschützten Platz, an dem sie sich niederlassen.

Während des Winterschlafs senkt sich ihre Köpertemperatur und auch das Herz schlägt nur noch sehr langsam. Trotzdem kann es passieren, dass Winterschläfer zwischendurch auch mal aufwachen – wie unsere kleine Greta. Das sollte aber nicht zu oft passieren, da die Tiere wenig Fettreserven haben und Futter in der kalten Jahreszeit kaum vorhanden ist.

→ **Winterruhe**

Dachse, Bären und Eichhörnchen dagegen verfallen in eine Winterruhe. Das bedeutet, dass ihre Körpertemperatur nicht so weit abfällt wie bei Winterschläfern. Außerdem wachen sie in den Wintermonaten immer mal wieder auf und gehen dann auf Nahrungssuche.

→ **Zugvögel**

Vögel fliegen im Winter in den Urlaub – zum Beispiel nach Spanien oder Afrika. Dazu zählen etwa der Kuckuck, der Star oder auch Störche und Kraniche. Zu Frühlingbeginn kehren sie wieder zurück und beginnen mit der Brutzeit.

DANKSAGUNG

Herzlichen Dank an meine Verlegerin Britta Schmidt von Groeling, für das Vertrauen in mich und die Unterstützung. Ich danke auch dem gesamten World for kids-Team: Dr. Silke Hallmann, minkadu Kommunikationsdesign und Meiken Endruweit.

Ein riesiges Dankeschön geht an Nina Basovic Brown für das Lektorat und die tollen Textideen. Danke für den coolen ‚Erdenretter-Rap' – meine Kinder lieben ihn!

Ich danke ganz besonders Silvia Teich vom NABU, die ich für dieses Buch interviewen durfte. Sowie Stadtrat Pascal Bächer für die vielen inhaltlichen Tipps und die Inspiration zu dem Erpressungsfall in der Geschichte.

Vielen Dank auch an meine Lieblingsschwedin Sara – dein Tipp für die Smörgåstårta war Gold wert! Tack så mycket, lilla gumman!

Vor allem aber danke ich meiner wundervollen Familie. Ohne eure Geduld und Unterstützung wäre dieses Buch nicht möglich gewesen!

minkadu

minkadu Kommunikationsdesign sind Beate Bolte, Juliane Strehmann und Gesine Todt.

Angesiedelt im Herzen Berlins kümmern sich die drei Diplom-Designerinnen nicht nur um gute Layouts und Typografie! Für die Klima-Checker wurden Malin, Trixie und Einstein als Illustrationen Leben eingehaucht und eine ganz eigene und überraschende Bilderwelt für sie erschaffen.

Wenn in minkadu die Computer ausgeschaltet sind, findet man Beate, Juliane und Gesine wahrscheinlich mit dem Brushpen in der Hand an neuen Lettering-projekten sitzen.

www.minkadu.de

Veronika Wiggert

Veronika Wiggert, Jahrgang 1976, wusste schon als Kind, dass sie später einmal Bücher schreiben wird. Ihre zweite Leidenschaft gehörte schon immer fremden Sprachen und Kulturen. Nach einem Studium zur Diplom-Übersetzerin und Aufenthalten in London und Madrid arbeitete sie zunächst als Journalistin. Inzwischen hat sie ihren Kindheitstraum wahrgemacht und denkt sich Geschichten für Kinder und Jugendliche aus.

Veronika Wiggert lebt mit ihrer Familie in München und liebt es mit ihrem Sohn und ihrer Tochter durch die bayerischen Wälder zu streifen. Denn dort gibt es auch immer eine Menge interessanter Tiere zu beobachten.

www.veronika-wiggert.de

Der erste Teil der neuen Kinderkrimi-Reihe!

Die Klima-Checker: Schluss mit Plastik!

Veronika Wiggert
Hardcover, 152 Seiten
Empfohlenes Alter ab 8 Jahren
14,00 €
ISBN 978-3-946323-15-0

Die Klima-Checker kämpfen gegen fiese Plastik-Betrüger!

Malin, Trixie und Einstein sind die Klima-Checker. Seit Malin mit ihrer älteren Schwester Ida zum ersten Mal auf einer Fridays for Future Demonstration war schwören sie und ihre Freunde: Wir wollen mehr für die Umwelt tun! Die Kinder dürfen Malins Vater auf eine Klima-Konferenz nach Venedig begleiten. Aber die Wissenschaftler dort halten gar nichts von Kindern und werfen sie hinaus. Doch was ist das? Mitten im Plastikmüll entdecken die Klima-Checker etwas, das die Lösung aller Probleme sein könnte! Oder stecken Betrüger dahinter? Die Klima-Checker decken das Rätsel auf!

Mit Plastikfrei-Tipps von den Klima-Checkern!
Der erste Band der Reihe „Die Klima-Checker" von Veronika Wiggert.
Mit Illustrationen von minkadu.